樂果文化

樂果文化

The meaning of life

叩問生命

生命的答案誰知道？

陳炳宏、阿媞◎著

「叩問生命 - 生命的答案誰知道？」英文簡介

The meaning of life: Answers to life from immortal Self

by Bing-Hong, Chen and Arte

Book description:

"I have spent years and years looking for the answers to life, however, when that moment I gave up looking for, suddenly, all the answers to life emerged in my mind. I began to realize that, when I stopped taking any ego thought, it turned out that all the answers to life surging out from the depth of immortal Self power. At that time, from the vision of my eyes, everybody on the street was in a human form with his perfect Buddha-nature glowing deep inside. And I knew that, it had changed my life forever" - from Bing-Hong, Chen, the author.

He is a man with a form of human existence, but in a state of non-human Mind and Wisdom beyond comprehension. She is desperate searching for the truth about life. After her lifelong quest for a fulfilling spirituality, they met each other...

This was a beginning of an extraordinary Self-reviving journey...

The result is this significant book, The meaning of life: Answers to life from immortal Self, unprecedented contents of spiritual teaching destined to change human history.

The essence of this book was from Buddha-nature, not from any knowledge of this world. This book is to help people lay down their old habit and practice of any knowledge, and to guide them to revive their inner Buddha-nature, or God-nature, or Self power to life. Decode the profound and esoteric meanings of life: Why is human being the noblest form of life on earth? Why have been all these years many ascended masters and advanced souls from outer space conveying important messages through the psychics to the Earth? What are the relations between sickness, body, money and Self power?...

A book of inconceivability, a spiritual guidance for Self-reviving. This immensely powerful book talks to your inner Self directly. Do not read it with your head, but with your Mind. Do not absorb it with any study, but straight from the Heart.

序

自在做主

陳炳宏

在日常生活中，
我們人已經是「互為世間尊重，互為自主」的自己生命的主人。
所以，
人於人生的生活中，
思維不落入思議，即為主，
情緒不落入起伏，即為主，
人際不落入對立，即為主，
人生即人和，
人和之道，自在做主。

本書當中所有有關提到「主」的字眼，都是每一個人在生活中的內、外在一切的自主性，我通通稱之為「主」，所以沒有設定為某些範圍的定義，也與任何的宗教無關，對「主」延伸的一切表達，比如：主、如來、佛、自性、本我，都是相應於人世間各種不同系統對生命主體性的表達，所納入其中等同而呈現的說法。

書中關鍵性的議題，比如說：「主的親臨」是指，每一個人在自己當下的生活中自己自主性的恢復，親自示現運作在自己的生活當中每一種面臨的生命課題，而能夠全面性的恢復生命的自主性，不受制也不承受於任何外在表象的人、事、物，這種於生活中遍一切處皆自在的生活呈現，就是本系列書中所講的「主的親臨」。

每一個人當下都是自己生命唯一的主人，這是《樂生命系列》在各種深淺不同的人生議題中所做的一切生命答案，是根本而關鍵的主軸，《樂生命系列》的一切內容都是為了讓世人能夠成就自己成為生命的主人，而形成的內容。

生活流程即是人一切必然的反應，能自觀其關鍵，自能做其主。於智慧中沉靜沉思，於平靜中調適一切變動衝擊，於人際互動中所有可能的衝突點減到最低。

人不識真正之實我，而被一切外在變動牽引，往消耗的人生奔馳而不自知，當身、口、意反應一切病相時，只能做事後的彌補，然而往往為時已晚。

生活流程之必然，在於智慧之我實質觀得的善有與善用，而方法應往不消耗處走。人性之際，在於審視一切有所求之意念與心思的解除，唯有真實的自我，方能彰顯於生活，將大我於生活中實現，如此，人生將不再是一場鬥爭的遊戲。必然的，人生的一切，因智慧的沉澱，而不再只是偶然，而是自性能力必然做主的當下。

如此，無憂、無慮、無私的自在生活，自在做主。

生命的答案誰知道？

阿媞

大約十年前，我的心裡開始出現一股聲音，催促著我要趕快改變，我當時不知道到底要改變些什麼，只知道因為工作壓力大、身體狀況不好，又面臨感情上的痛苦，很需要尋求一些心靈的療癒，於是開始了我追求生命答案的旅途。

奇怪的是，我不喜歡跑任何的宗教道場和教會，不論是篤信基督的朋友或虔誠信佛的母親如何利誘和勸說，我都無動於衷，只是專注在心靈書籍上，當然，這期間我也花了不少錢在一些所謂的身、心、靈的課程。這些書籍和課程曾經幫助過我，療癒過我，感動過我，至少，在那個時候是這樣的，協助我走過那一段痛苦的歲月，因此我花了很長的時間沉浸在其中。我覺得自己總是不停的往前走，從一個階段到下一個階段，再到下一個階段，從沒有停止過，我當時以為，所謂生命的成長就是這樣的——不斷的尋找生命的答案。

那個心裡面催促著我的聲音也從沒有停止過，只是有時大聲，有時小聲，有時隔很久才出來一次，有時一直不斷的縈繞，讓我很困擾，我只知道這個聲音要我為二〇一二年做準備，卻不告訴我要準備啥，而且逼我離開職場，這可不得了，心裡頭的不安恐懼隨著這個催促的聲音日益緊迫而不斷擴大，在積蓄有限的情況下，我不知道我中年離開職場後還能做什麼來營生，但同時我也強烈的感覺到若是不離開，我的生命會日漸枯萎，而我很討厭那樣的自己。一直到二〇〇九年的五月，我終於決定直接面對我的不安恐懼，帶著它一起離開我做了十多年的工作。

離開職場後，我有一年半的時間，只要不下雨，每天都帶著書和水壺到湖邊坐著，有時不看書，看著天上的雲，一發呆就是一個下午，心靈方面的書，我比較偏愛由西方引進的思想，因為讀起來感覺很溫馨，很具療癒效果，我也會去參加讀書會，聽演講，像朝聖一樣的看看這些厲害的大師。一直到某一天晚上，我突然情緒崩潰，像發瘋一樣的大哭，把所有的書摔一邊，我不明白為什麼這些翻譯自西方的所謂重量級的內涵大部分都是由通靈而寫下來的，不管是通靈天使、高靈、地內或地外文明，或是什麼樣的知名歷史人物，難道，生命的答案都來自那些通靈訊息嗎？為什麼我們人類自己的生命卻生不出任何有關自己生命的答案呢？難不成那些外星人真的全都比我們人類更高階更有智慧嗎？但是，釋迦牟尼佛是怎麼成佛的呢？祂是如何知道生命答案的？我從來都沒有聽過佛陀會通靈，更沒聽過祂靠什麼神通而成佛啊！那麼，為什麼我所聽說的某些宗教道場或氣功門派都一個勁兒的在練神通呢？難道，我們這些沒神通也不會通靈的人就比較沒智慧嗎？在二〇一二年就不會得救嗎？都得一輩子仰賴別人給答案嗎？

我不服氣，從此不去讀書會，不再看任何的心靈書籍，我感謝這些書曾經幫助過我，但是現在，我無言的對天哭泣吶喊，決定不再往外尋找，不再向任何外在的力量祈禱，我只想恢復我內在真正的力量，管它叫佛性，或如來性，或本體，或自性，或是基督力量，甚至是主，都無所謂，我只想要我自己有一天能夠由內而生發出自己生命的答案。在經過那麼多年的生命成長的過程，在這一刻，我終於覺得自己已經到達一個臨界點，再不突破，就快要窒息了，而這個時候，我之前所看過的書沒有任何一本可以幫助我，也沒有任何一門課程能幫助我，什麼祈禱都沒有用。

我想，如果要我寫一本書，這些內涵一定不會是來自什麼通靈，而是由自己內在的力量——那個真正的本然的通曉一切的我所寫出來的，但是，我如何恢復自己的自性？我不知道，更別說什麼寫書，我覺得自己也滿可笑的，居然發了一個自己都不知如何完成的願。但不可思議的是，就在這個時候，二〇一〇年的秋冬時節，因為朋友的關係，我認識了陳炳宏老師。

我們對談的第一天，他很莊嚴的講了一堆我似懂非懂的話，他問我：「妳聽得懂嗎？」我指了指我的腦袋：「這裡不太懂，」又比了比我的心輪：「但是，這裡好像懂，而且很喜歡聽你講這些內容，好像你剛剛講的話會直接穿透進去一樣。」不但如此，我在聽他講話的時候，全身好像有能量在竄，整個發麻，我的視線突然像照相機一樣會自己調整焦聚，一下 zoom in，一下 zoom out，也覺得自己好像不斷擴大，又時而縮小，一直在調整，很奇特的感覺，我跟他形容，他說：「我了解，我看妳的眼神就知道了，妳的如來性剛剛直接撥開妳的慣性出來，當下直接穿透妳，從內在湧動出來，不可思議的示現某種特殊的時空結界，先讓妳的慣性有某種層次的放下，不讓慣性干擾，了義的跟我在當下有一種不思議的相應，這應該是彼此生命有某種層次的共振，透過妳的眼神與我對應，而且妳剛剛全身周圍亮晶晶的，有一種清亮的磁場。我剛講的內容妳不透過頭腦思考，直接穿透進妳的內在，那叫做納入，恭喜妳，妳的如來性剛剛是第一次被引動出來。」他的神情充滿了自信與不可思議的莊嚴。

我頓時知道，從此，我真的不必再去找任何的書本了，也不必再尋找什麼大師，眼前這個人，就是可以幫我恢復生命本然的人，而當初我發願想要寫的書，現在還沒有辦法，也不知道哪一天，但是這個人卻可以，因為，他就是一個完完全全恢復生命本然的人，反正他不會電腦，需要一個人幫他，而我把我們之間對談的所有重要內容寫出來，一方面算是記錄我生命的恢復過程，另一方面，與我想寫的來自於自性內涵的書沒太大差別，只是內涵來自於陳老師，不是我。我突然之間知道為什麼當初我的內在一直催促我辭掉工作，如果沒這麼做，我根本遇不到他，我也才意識到，當我把所有外在的追求全都放下，包括對自己心靈的追求，決心不再往外的時候，我內在的力量才能真正開啟，否則，只是識性與慣性不斷加重覆蓋而已。

我們互相很樂意的彼此配合，對談生命，記錄內容，不到一年半，我們就完成了五本書，從一剛開始的第一本，我請問陳老師有關於我之前所讀之書上的一些讓我很困惑的問題，像是主、通靈、夢、靈魂、輪迴、二〇一二的毀滅……等等一般人在接觸心靈時常會遇到的問題，當然也有一直讓我很不安的金錢問題，一直到他引導我什麼是真正的本然生命的很深很深到我根本聽不懂的什麼空性啊、壇城啊、無關性啊、皈依境啊……等等後面兩本書的內涵，陳老師時常提醒我：「阿媞，放下妳的腦袋，不要用識性來理解，妳要直接納入，這些所謂看不懂的內容是要用不思議的自己來納入的，是要引動妳如來性出來用的，它是一種本然生命的韻律與節奏，是一種生命的密碼，看不懂的這些落差，就是妳生命恢復的空間，不要急，時間一到自然而然就會懂，只要妳不斷的遞減慣性和識性。」他最常跟我們這些夥伴講的一句話就是：「仔細聽哦！用你的如來性聽。」

當然，自從那一次如來性出來之後，我就再也沒有像那次殊勝奇特的經驗了，雖然偶爾有幾次，但都不明顯，我知道這些都不能強求，因為我的覆蓋還很重，不是我想要如來性出來就能夠出來的，如來完全不在我的預設或思議裡面，那一次是因為我們的如來性初次「相逢」，彼此確認為共願者，之後，我就只能一步一步乖乖的面對自己的課題——觀照自己的識性和慣性，然後逐步放下它或遞減它，無論身、口、意各方面大的小的粗的細的日常生活中的所有一切，都要觀照到，絲毫不能馬虎，否則一下子就被生活、工作和世界的慣性拉回去，如來性又被覆蓋，變成退轉。

我面對自己整個能量的演化過程，一方面打破自己的執著與慣性，一方面自己的經絡與輪脈也逐步的相應各種層次的磁場與能量，這裡面「覺他」的部分，不管來自任何時空的磁場，都是我自身畏因納入提點的法緣，陳老師要我以不思議去觀照覺受，而「自覺」的部分，要觀照到自己用思議去思維的部分，而當下放下，老師說：「一切自身或非自身的能量磁場都因自身遞減慣性而縮短能量來去的過程，不管任何的覺受與境界，唯一的關鍵就是放下被牽動的自身的身、口、意，這是對所有『自覺覺他』的一切法緣的能量場最莊嚴的法供養。」

剛開始，我不太能理解，陳老師說：「這是一種『身覺受』，這些一定都是在妳如來允許的情形下，磁場才進得來，妳自身的能量場在進化的過程，會有『自覺覺他』引動相應而來的磁場來和妳對應，是為了要打開妳肉身的某一些結界，也訓練妳的覺，擴大妳的能量，加強妳承受的能力，這是不可思議的，不要以不安恐懼來看待。妳解密解碼這些磁場與妳共振的過程，也是妳生命恢復的過程，因為這些無形磁場都是來與妳一起共同圓滿的，妳有形的肉身與他們無形的磁場一起共修，妳永遠不知道他們是不是與妳在某個過去生曾經有過法緣，當妳圓滿了，他們也會與妳一起圓滿，但是因為妳還在一個恢復的過程，所以還有承受的相，會不舒服，但這也表示妳的肉身具有反應問題的能力，是很殊勝難得的。」

我這才了解，自小時候，我的身體常會莫名其妙的不舒服，我一直以為自己身體很差，常常這裡痛，那裡痛，原來早就有無形的磁場在與我對應，只是我當時不了解，把它當成一般的病痛，看病吃藥，沒有以正確的知見來對應，久而久之，就變成了真的病，據陳老師說，現在這個世代，很多人的病相都是這樣累積來的。

通常在磁場退了之後，我會繼續和他深化沉澱整個過程，然後他就會有非常精彩的內容突然跳空出來，要我立刻錄音，然後我再整理成文字，在這個系列的書中，除了我和夥伴們向陳老師請益的問題之外，很多精彩的內容幾乎都是對應磁場之後而產生出來的，可以說是這些無形的磁場參與我們一起做書，供養出了這些有關生命的深刻內涵，不可思議，也讓我感恩不盡。

和陳老師一起寫書，讓我見識到什麼是「當來下生」的「生」，那種毫無思議而能當下立刻生生不息出深刻的生命內涵，我只能瞠目結舌，不知道這些又像佛經又像文言文的內容打哪兒冒出來的，但對他來說卻是那麼地自然而然又理所當然，絲毫不費工夫，平常國語也說不標準，台語也說不標準，愛說不好笑的冷笑話，口才並不好的他，在講起生命的時候，卻滔滔不絕，像變了個人。他另外最常說的一句話就是：「我的腦袋結構和人類不一樣。」他還說：「當我生命全面性恢復的那一刻，這些內容就突然全部都在我腦袋裡了。」我只知道，這些內容全是他的內在法流生生不息流動出來的，沒有任何識性的思議，就像他講的，這是「本然生命的韻律與節奏」，連想一下下或搜尋一下下記憶體裡面內容的工夫都不必，因為他的腦袋從不記憶，除了保留生活中的基本面之外，從不放進任何世界識性與慣性的東西在他腦袋瓜子裡面，奇特之至。也因而他的生活非常簡單樸實，沒有不必要的東西，因為他從不讓任何世界的慣性攀緣上他，所以有時候在生活中的一些面向，我覺得他幾乎像個小孩子一樣的單純。

而且他也不「讀」書的，或者說，他「讀」的方式很奇特，通常我整理完的文字，會先給老師看看有沒有錯誤，誤解老師的話之類的，密密麻麻的一堆文字，他快速翻動頁面，就知道個大概輪廓，如果有錯誤的地方，很奇特的，他的眼睛就會一下子盯到那裡，我好幾次問他：「你不用再仔細從頭到尾看一遍嗎？」他都說不用，說那是一種「觀」與「覺」的能力，他從來不花時間看太多裡面的枝微末節，而是綜觀大方向，直接覺受到那裡面的磁場，就知道裡面有沒有問題，有沒有需要增補或修改刪除的地方，而且因為他的「空性」、「無關性」和「無上智」，完全不落入其中，所以，一眼就知道了，根本不必花時間「讀」，不像我們一般人落入其中，在裡面繞啊繞的，繞出不來。

看人、看事也是這樣，他從來不看表面，不受制於對方慣性的覆蓋，而是直接看到對方的如來性，直接了義事情背後的密因，只是他說不說出來而已。常常，他的觀照能力，都讓我見識到什麼叫做「完全沒有覆蓋」、「完全不落入」、「完全不受制」和「完全的自主性」，但是他的境界我無法體會，也只能讚嘆不已。

他說他並不是以單純來形容那麼簡單，他說：「妳想想看，以我的觀和覺的能力，我的內涵當下就是從無分別湧動出來不思議的表達，所以如果有絲毫一點相對性的心念在自己的心海中，那就像我讓世界的一點點慣性和覆蓋攀緣上來，瞬間我心海中的痛苦也會是一般人的數千百倍之深，因為，這些內容都只有在不思議中才能當下湧動，所以我的心海是無法存在任何相對性的心念。」我理解老師說的，就好比一池清水若滴了一滴黑墨進去，清楚易見，而我們一般人已經是無量劫的累積成一池污水，再怎麼滴黑墨進去，也看不出更髒，因為已經夠髒了。

我從小到大唸書，一直到後來上班，都是個用腦過度的人，識性的慣性覆蓋很重，就連讀有關心靈或生命的書，都很習慣用思考的方式來反省內化我的生命，陳老師還曾經開我玩笑說：「妳乾脆改名叫阿題，因為，啊妳真的很愛問問題。」所以對我來說，陳老師的某些文字內涵不管是艱澀難懂或韻律優美，我一邊打字的時候，一邊覺得很痛苦，因為每打一個字都好像這些內涵在撞擊我的識性，震盪我的識性，非要我放下識性不可，否則我就會頭痛到不行，甚至很想哭。有時候，要我直接納入那些看不懂的內容也有困難，常常會讓我變成一個「呆媞」或「瞌睡媞」，不過既然老師叫我不要急，我也慢慢的體會，不把他的深奧內涵再當成我深化時的壓力，否則，又成了我另外一種用力過度反省自己的慣性。

與陳老師認識的這一年多來，我們從不為寫書而寫書，是我或夥伴們以自身生命的輪動對應磁場，而與老師共振出這些書的內涵，幾乎可以說是我以自身生命叩問出這些寶貴內容的，但有時我會很沮喪，因為我的境界層次與書中內涵的落差太大，老師所謂的自性法流我也從未體會過，雖然我親手整理出這些內容，卻不等同我的生命已經恢復到一樣的層次，無相對性等等之類的境界，我的如來只讓我淺嚐幾秒鐘，一下子就又會打回到一般的狀態，老師也說：「那是妳的如來不要妳落入喜悅的法執。」所以我知道，重點是在於我生命快速的輪動一圈，先對應出重要的內涵，因為這是我的願力，我盡一己之力，將老師如何恢復生命自主的重要內涵先寫出來給這個世界，我就不算負了這個世界。至於我自己生命的恢復則可以有一輩子的時間慢慢來，只要慣性不斷的放下，覆蓋不斷的解除，也許我的如來有一天會應許我完全恢復也不一定。

書中的一切，全是老師的內涵，完全由他的存在、自性的法流湧動而出，不靠任何的神通或通靈，沒有任何外來的力量給他答案，也沒有任何的引經據典，他以「覺」、「觀」而回答我一切的疑惑，甚至他連「覺」、「觀」都不必，就是以他本身的存在，以他生命的本然來回答我。他也不要我崇拜他或仰望他，不要我自以為矮一截，他說：「我們是等同的生命，只是妳還在一個過程當中。」這樣的表達是他對所有生命最大的尊重與敬意，因為在他生命恢復的那一天，以他的眼睛望出去，所有一切的人類，包括非人、非非人的生命，都是「肉身佛」的存在，散發著無比的光芒，等同於佛陀世尊一樣的尊貴，他雖然知道現在人類無比的沉淪與覆蓋之重，但是同時也對人類有著無比的信心，因為他知道所有的眾生早已成佛，只是覺與未覺而已。

老師是來自台南麻豆的鄉下小孩，他母親的娘家原是台南鹽水的首富，嫁到不富裕的陳家之後，因為是長媳，背負著婆婆施予的強大壓力及家族中的其他因素，過得非常不快樂，老師是特殊體質，自小就能夠百分之百感同身受他母親的苦，當他母親痛不欲生的時候，他的心中也感到同樣的悲痛，所以，從小也就與一般的小孩不同，特別早熟，從上了小學之後就開始在問：「生命是什麼？」一直想找到生命的答案給他的母親，盼能減輕他母親心裡頭的苦，一路問到高中，考上台南一中之後，離家一個人住在台南市，就開始無心在課業上，當時班上的同學每個人都想考醫科或當律師，只有他仍在思考著生命，常常下課後跑到成功大學去旁聽，繼續問大學教授和大學生：「生命是什麼？」可是沒有一個答案能讓他覺得滿意。

他的第一次大學聯考敷衍了事，進去考場不到十五分鐘就出來，本來他根本不想考的，只是因為是長子，不得不給他父親一個交代，拒絕聯考的這一年，他唯一做的事情就是思考生命，但是如果第二年再不上大學，可能得去當兵，他知道自己需要大學的四年期間當作一個緩衝期，因為他需要這個時間，於是第二年，在聯考的前十五天，拼命K書，考上了當時倒數第二的志願，文化大學戲劇系，上了大二就轉到文化哲學系，當然就更可以理所當然的繼續思考著生命。

然後他大學畢業，當兵回來後暫時住在台北木柵親戚家，不到幾個月，在民國七十五年的某一個冬天，他走在路上，突然之間，似乎是時間到了一般，瞬間就完全恢復了，在那一刻，所有的生命答案都湧現在他的腦海裡面，包括他的前世今生，此生來這裡的願力，未來要做什麼。

當時他以為人人都像他這樣，思考生命一陣子之後就可以突然之間什麼都知道，後來才發覺只有他是這樣，別人都仍在重重的覆蓋之下，追求著名與利。他的母親像是心有靈犀一樣，知道她可以完全不用擔心他，就在他生命恢復之後沒多久，他的母親就往生了，結束了二十多年在陳家的苦。他母親的死，像是一種成全，從此不讓他有後顧之憂，也像是選擇以無形的身分在他身邊護持他，給他提點。

生命恢復之後，他的肉身、他的腦袋結構完全改變，身體變得非常柔軟，法流在他體內流動，他可以很自然快速的打出別人學不會的手印，像舞蹈一樣的優美，所有有關於生命的智慧也很自然的從他口中流出，那些完全不是靠著學習而來，而是一種本然。但是，他也沒有辦法做一般男生能夠做的任何工作，每次找工作都像是有無形的阻礙讓他形成不了，而且，所有有關於人世間的一切識性慣性，也在生命恢復的那一刻全都不見了，只保留了最最基礎的能夠生活下去的基本常識。以世間的角度來看，他有點笨笨呆呆的，有點像剛到達地球的外星人，只是有著人類的外殼而已，我剛認識他沒多久之後，就跟他開玩笑說：「你讓我想起以前看的電視影集『外星戀』的男主角。」因為他連地球上一般日常生活中的簡單事情都做不好，東西南北都分不清，讓我懷疑他根本不是地球人，他也常跟我們開玩笑說他才二十五、六歲，從生命恢復的那一年起算。

因為無法像一般人工作賺錢，所以，他生命恢復後的早期生活很拮据，靠著與別人結緣、朋友的供養而生存，雖然身邊沒幾個錢，可是他每每想起他腦袋裡面那些生生不息、源源不絕的生命智慧，就非常非常的感恩他能夠擁有這些內涵，也不敢稍稍對這些內涵有一點點的不敬，因為，他很清楚，他這一生中唯一的一件工作就是致力在人類的自性恢復和女相解脫上，將這些內涵傳達給人類，所以，他幾乎把所有的時間和精力都投注在將內涵寫成書，但是他知道時間未到，所以沒有出版任何一本。

自他生命恢復二十多年以來，一直以低調行走在世間，從不成立任何宗教道場或門派，只是默默的渡化有緣人，因為他母親一生的苦給他提點，因此，他也致力於女相解脫，並且推廣「互為世尊，互為主」的理念，他講的世尊是一種世間尊重的生活態度，而所謂的「主」也不是任何宗教裡面所稱的主，而是一種非常中性的表達，他知道我們在生活中早已是自己的主人，只是覆蓋過重，不知自己是自己的主，處處受制於外在世界，仰望外在的力量。他也不覺得人一定要進入宗教或任何系統裡面，反而在家、在工作、在生活中更能照見到自己無法自主的部分，更能檢視放下的真功夫。他也從不要求別人一定要照他說的話去做，會給予對方最大的自由、最大的尊重，由對方的如來性引領，或由對方的慣性引領，因為他認為既然每個人都已是自己的主，對方的如來自有安排，自有妙用，所以他從不強求。

從這一點來看，我覺得最大的慈悲與最大的殘忍是等同等持的，這個意思就是說，世間尊重有兩個層次，一種是尊重生命在世間因果的完整性，要提升就畏因共精進，一種是如果生命選擇無盡的沉淪，任何人說了也無法傾聽，那也是尊重對方在自身因果上所需面對的時間與空間，所以，在世間尊重對應每一個生命的當下，生命有沒有機會面對自己，都決定在生命用怎樣子的態度面對自己，而決定了生命自我判別的機會，所以，最大的慈悲與最大的殘忍是一體兩面的，但抉擇在每一個人自己面對生命的態度，這也是另一種自主性，這裡面，有對生命所面對自己成就所需時間空間的尊重。

如果，用盡一切誠意、方式請託某人去面對生命，但是對方根本不當一回事，也沒有感覺，甚至起了反感，而形成對立的狀態，這是沒有必要的，不必用那麼大的力道去要求誰要面對什麼，只會造成自身與對方的消耗，這表示緣起不夠俱足，應無求而無為，更重要的是應該把所有解脫、解苦的權利義務交還給每一個生命，在他的日常生活中，這就是陳老師說的：「互為世尊，互為主」的意思，就是說，人與人之間當下在生活中互為世間尊重的生活態度，互為人格自主的生命尊重，因為每一個生命有他無量劫來的因果，如何成就？需要多少時間成就？只有他自己內在的自主性最清楚，我們應當以感同身受、無所住的誠意尊重，讓所有生命在彼此無消耗、無來去、無牽動的人生對應中，相應而形成彼此世間尊重的生活，而恢復自主的生命。

我們幾個一起共同沉澱深化生命的夥伴，在這一年多來與陳老師的相處，對應了不少無形的磁場，還曾經，我的某個過去生的磁場能量直接來與我對應，表達要與我此生等同等持，一起圓滿。我多年前從催眠中知道自己曾是一個英國的學者紳士，也知道自己當時帶著未完成的志願抱憾而死，但知道了又如何？也只是多了一個故事而已，對此生的自己沒有太大幫助，老師也說：「重點不在於妳知道自己曾經是什麼，但是如果妳能『觀』或『覺』到那時的慣性是什麼，而現在的妳又能在當下放下或遞減同樣的慣性，才是真正重要的，因為現在的妳是過去無量世的妳的總集合，妳若在此世圓滿，或至少往圓滿的方向走，那時候的時空也會跟著改變。」與陳老師的對應當中，讓我知道了我現在寫書與生命恢復過程中所面臨到識性過重的問題和覆蓋，前世的我在那個時代也是同樣的毛病，這些答案都不是他告訴我的，而是在對應當中突然跳空一個念頭進來讓我知道當時自己的問題出在哪裡，那個就是如來的指引，是自己的如來性給的第一義。

所有有關自己生命的答案，透過慣性的放下，透過如來與如來之間的對應，逐漸以「覺」了然了義，不是以識性來理解，不是以神通來看畫面，不必仰賴別人給我們答案，更不必死背佛經，雖然表面上看來好像只是解開了自己的某個前世今生或是某個磁場的訴求，但是，背後運作操盤的卻完全是自己的如來性，在解碼解密自己生命的過程中，如來性也逐漸流露，如果自己又能持續不斷的解除慣性與識性，轉識性成智慧，肉身與如來性之間的落差就會越來越小，就會越來越能了然了義如來所給的第一義，而終究有一天，自己的肉身也能成就等同如來身的境界。這就是老師一直表達的「生命恢復」的過程，放下慣性的過程就是生命恢復的過程，解碼解密的過程就是生命恢復的過程。

我在生命恢復的過程中也是起起伏伏的，不見得每次都能覺到如來義，反倒常常是覺受不夠完整或甚至沒感覺，往好處來講就是至少我比較能做到不思議，沒有什麼思議來干擾，老師說：「如來性如何彰顯在我們的身、口、意，不是我們在世間習慣用的思維與模式去思議理解的，如來性在肉身的來去與示現，有來自於自身的覺受，也有來自於周遭遍一切處的觀照，所以，我們能做最好的準備就是在一生當中的任何過程，都以『觀自在』——觀自己問題之所在，有被牽動的部分，都能當下放下，不論對錯，從自身下手，深化自身存在問題之所在，自能體會如來性在自己生命的妙用與引領的照見，不要用力去強求如來的來去，在這個地方是用力不得的，反而是放下用力而自得的。」

陳老師運作出來的中國文字圖騰是不可思議的，因為他說：「唯獨繁體中文最能夠傳達出生命的本質。」所以，他在以中文解碼解密的時候，也與一般人對文字的理解不同，是一種密碼方式的解讀與運用，他也說：「放眼望出去的一切，全是自性變現的，全是生命的密碼，包含圖像，包含文字，包含聲音，包含一切的一切。」我們人類以覆蓋看世界，看到的只是表象，但他不以覆蓋看，看到的全是生命的密碼。

這系列書中記錄了許多自性如何恢復的內涵以及描述自性的境界與層次，但最重要最核心的其中一點就是——遞減慣性，遞減識性，如此，才能真正的成就自主，恢復生命的本然。

陳老師說：「我選擇從二〇一二年開始推出這系列書，是因為網路上、電視上討論有關二〇一二年地球即將毀滅的訊息非常的多，但是，其中談論的全是屬於外在性的毀滅，我們一般人在面對地球即將毀滅的訊息時，到底要用如何的心境來看待？難道只是等待末日來臨嗎？或者像一些超級大國花大筆錢準備所謂的『諾亞方舟』呢？這些所有討論二〇一二年的訊息中都是外在性的準備，卻完全沒有談論到人類在面對所謂的末日時我們應該要如何調整自己的生命，以因應二〇一二年甚至是之後更大的考驗。

近些年來，地球極端天候的變化，讓我們都逐漸的知道要開始面對與調整，但我們要怎麼面對？如何面對？要有怎樣不同的重要內涵來幫我們面對？我們希望《樂生命系列》的內容能成為二〇一二年之後人類面對、調整、改變的重要生命答案，讓人類在面對地球極大的變動過程中，也能夠產生二〇一二年之後人類再造的生命之機。

以二〇一二年末日傳說的臨界點，引動二〇一二之後的所有可能要面對的變革中所需要的生命解密解碼的答案，這個《樂生命系列》的形成，以二〇一二做為一個引動的關鍵，提供當下與之後的所有面對生命的重要內涵，同時，也全面性提供人類生命提升的解因解碼的生命自主的根本答案。

這個系列的內涵不單只是為了面對二〇一二年的末日之說，而是透過二〇一二這個狀態讓人類開始意識到人類在地球所有存在的價值、意義與對待，都必須全面性的變革與提升，或重新理解與定位，這才是這個系列的重點所在。」

我們僅以此共願形成這些書，獻給每一個企求生命圓滿的人。

關於樂生命系列

如何閱讀本書？

阿媞

到目前為止，《樂生命系列》有五本書，是我向陳炳宏老師叩問生命而產生的內容，我以自身生命的困惑為出發點向他叩問，再問大環境都在談論的二〇一二年的事情，沒想到，這一問就開啟了我們共同寫書的緣分，面向也越來越深，既深且廣，每一本書都是不可思議的經典之作，完全不是用思議預設的內涵。

《樂生命系列》的五本書中有深有淺穿插其中，除了第二本書專門講男女之間與女相解脫，其他的部分都是綜合性的，都是我這個愛問問題的人或其他夥伴遇到的問題形成的，天南地北的，從西方問到東方，從生活問到生命的一切，涵括所有人類存在生命的關鍵議題，問到哪裡，或磁場對應到哪裡，書就寫到哪裡，所以，書裡面既談到主，又講到如來佛，也包括生活中的一些介面，涵蓋的層面很廣。所有對談的內容，都已將我對話的部分刪除，因為不想讓我的識性形成對讀者的干擾，只保留陳炳宏老師最純粹的內涵與法流，希望讀者在看這些書的時候，也能夠體會到那種來自本然生命的智慧法流。

我們覺得，現在幾乎所有的人都以識性在讀書，即使讀的是心靈層面的又如何？如果識性不放下，學會再多的佛學知識或生命知見都只是識性慣性的覆蓋加重而已，因此而形成這系列文體很特別的書，在口語化的中間穿插獨特的法流內涵，以不同的字體呈現，目的就是不想增加更重的識性。我們也不想增加一些名詞解釋或注解，因為生命的內涵不是一種學問與知識，如果我們解釋了某一個層次，卻沒有表達別的層次，反倒會誤導與框住讀者，因為，這系列書最大的善意就是不再增加識性的負擔，而是遞減思議的思維，但也同時尊重每一個人用他既存的生命基礎來對應這個系列的書，看這樣的書，等同對自己生命的叩問。

所有書中傳達的生命內涵，有些詞句用語也許與一般人的用法不太一樣，因為那是一種密碼式的表達，不同的人在不同的時刻會有不同層次的領悟與解碼，請讀者們以直心的覺受來納入，讓它們直接穿透到你的內在，不必用任何的頭腦思議去揣摩到底在講什麼，也不要預設讀後的結果會如何，慢慢的體會，慢慢的領悟，急不得，哪一天說不定會引動你的如來性出來，自然就會懂，但也無法強求。重點是，遞減閱讀時的慣性。

生命的內涵無需學習，無需辨證，所有生命的答案，都在存在的本身。

曙光 甦醒 生命綻放

張端筠

春夏之交，晴空朗朗，無意間穿過命相街，女相師迎面而來，我自然而然坐下，卻無一事想問，無一事想求。

相師喃喃自語，說我此生福祿壽俱足，活越老命越好，要保養身體，長命百歲云云。半小時過去，句句皆是人間美夢，最終要離開了，隨口說再見，她卻回答，你不會再來了，命好的人不會來算命。

那時的我，已經安靜了一段時間，正決定徹底告別世界，不是放棄肉身，而是放下所有為生存而建構的想望。彷彿是「天問」，老天藉此給我關鍵性的決定，再度啟程時，要盡享人間美夢？還是要恢復真實生命？

我要真實生命。

世界早已走向末日。人們在相對的思議裏，追尋永遠不會到來的絕對幸福，保住了此生的流程，卻保不住必然死亡的結局，所有為生存而精心擘劃的安排，豈不是早早注定失敗？這一生，怎能團團轉轉的消耗在如此荒謬邏輯？

原本一帆風順中疾行前進的我，先是脫離軌道而行，接著放慢腳步，最後停在看不見道路的原點，再也無可前進，無可張望，於是我坐下來，捲起身體，閉上眼睛繭居、冬眠。

那一段時空，只有很薄的一層皮相行走地球，和物質界之間，一團透明果凍隔離，紛紛擾擾都在千里之外，人群穿梭猶如太空漫步。偶有人問我是什麼修行，一時無言以對，沒有師父，不在道場，不認識法門，也不研究境界。

當「天問」來時，我已無可看之書，無可說話之人，一確定此生大願，炳宏就出現在我的世界。他是摯友、兄長、教練、導師與終極無可說的究竟。

他應我之請而來，示範一個全然恢復自主的生命；因為這個生命體來到地球，永夜的暗黑，曙光乍現。

我們不斷的深談，既廣大又精細，過程中並不完全用腦，更多時候由心輪、五臟六腑或細胞直接納入，既然不用腦，也就沒聽得懂、聽不懂的問題，意會到了瞬間涅槃，意會不到的也如梵唱福音，自然安頓有形無形。

炳宏大量運用東方的文字、語言、圖騰表達生命內涵，但若有必要，切換到西方文化熟悉的表達方式也毫無困難。

已經非常安靜的我，自此開啟智慧之眼，觀照此生累世，看不見，或者說是不敢看見，重重疊疊，覆蓋在生命上的重擔。當來下生，當生活中大小考題進來我的心念時，可以覺知，可以穿越，可以放下，最後轉化成生生不息的力量。

教練說，剝落覆蓋的過程，最初會因為不熟悉而辛苦，有些震盪會讓人倒退三步，只要不退轉躲回慣性圈，接下來可以因應各種震盪而不被牽動，最後會越震盪越前進，展現生命完全自主的威能。

阿媞是我在內化極深時交會的摯友，她以自身的清澈和至誠，對生命鍥而不捨的終極叩問，讓這本書得以問世，藉此引領無數即將甦醒、共行共願的夥伴。

原本想用一己之力，出版炳宏五千本巨作，即使多數看起來似懂非懂，也要隻字不改的完整傳達。然而老天有更殊勝的安排，最終由專業的出版團隊接下這一棒，仍以最深的尊重，以「隻字不改」付梓。這樣的年代，這樣的氛圍，鬧市裡開講中道，需俱足非凡的魄力。

終於我們都來到要對世界發聲的時候了，表相荒蕪，終有盡頭，有機土壤，枝芽昂然。凌晨夢境中，粉紅與嫩綠的衣衫鮮明，無染自主的生命，終將綻放。

目錄

第一章 打破

生命面對時空，不應停留個人熟悉的節奏來沉澱，應打破熟悉面對的介面。

打破面對的時空感，以自己的力量打破，不必等待苦難來打破。

解除自我時空面對的速度，而進入不設限任何時空的面對，才是真面對的開始。

打破，以自性打破一切慣性。

打破，以願力打破一切怨力。

打破，以不思議打破一切思議。

打破，以智性打破一切識性。

打破，以不預設打破一切預設。

打破，以無所為打破一切有所為。

打破非打破，打破自打破，打破的當下，放下的當下，自主的開始。

第一節　金錢

富有與貧窮，金錢流轉的表象

問：人類在金錢慣性的輕重，與擁有金錢的多寡之間的關聯如何解讀才是中肯的？

在相對性的地球上，在看得到的世界中，當人已經完全貧窮到什麼都沒有的時候，當然還是有慣性的，富有、貧窮與慣性的輕重並沒有直接的關聯。

貧窮的人還能再造什麼樣的業？再累積多少慣性？當人沒錢的時候，即使慣性再大，他所能作用的仍是有限的，但是當人有很多錢的時候，尤其是當有無量錢的時候，能再增加的慣性也相對更大。

以某個角度來看，貧窮是可以這樣解讀的——它是對主最大的一種禮讚，因為以貧窮行走在這個世間，也代表著他們沒有任何的保護網，不會再造更多的業障與傷害，或者造業有限，他們已經洗滌到某種程度了，不需要靠太多的金錢活在這個主的道路上。貧窮之人的密碼就是——願意以最少的慣性承擔一切苦難，因為他們已經沒有什麼力量了。這些靈魂背後的動機是——什麼都沒有，也不要再傷害任何的生命，在最深的善意上是尊重，在有生之年以貧窮過日子，對地球資源的消耗減到最低。至少他們在形式上是已經放下的。

貧窮之人的很多有形、無形的條件都已被削弱到盡頭了，當某個靈魂願意以一無所有的貧窮來演繹這個肉身，過此一生，那是令人讚嘆與尊重的，因為他選擇承受無盡的苦難而不造很多的業，所以，貧窮是真正能夠納入廣大改變的一種機會，也能曝露出許多富貴之人最大的問題所在。

我們願禮敬所有貧窮的人，因為，當主再來的時候，他們終將在主來臨的國度裡面，得到最深遠的救贖，這是主承諾的事。**主亦承諾一事，主必將在無邊無量無窮無盡一切生命已無量貧乏、生存已無量貧困之苦難者最深遠的地方等候與守候，等待因緣成熟，解除這一切的苦厄。**

不論是貧窮還是富貴，都要有一種世間尊重的態度，如果有人富有而不尊重，那反到是造業無盡，難以收拾。而以另一種終極的角度來解讀，貧窮之人的靈魂體在最深的地方已經不受制於金錢的遊戲了，但是以人類的角度來看，他們算是最沒有功德福報可言的人，是最弱的也是最「可憐」的一群人。但真是這樣嗎？那可不一定。

主給天下的、自性給一切的，是沒有答案也無跡可尋的，主的法義是沒有答案的答案，

貧窮不是罪，富貴也不是罪，它們可以是苦難，也可以是非苦難，所以不是有錢沒錢的問題，而是要有足夠的智慧納入，則不論貧窮還是富貴都會有妙用與解讀。智者在貧窮處可得到提點，也知道自己在富貴處的不必要的太多累積。

今天的人類都以分別心來運作金錢，那是掠奪性的，即使賺再多，也是屬於苦難的金錢。好比說，很富有的先進國家或大財團以金錢去購買或開發貧窮國家的大地資產與能量，那其實是掠奪貧窮國度的能量，拿去供養那些所謂的文明國家的有錢人。然後，富者更富，貧者更貧。

這種運作金錢的背後是怎樣的心念？相對性的心念——我富有，而你貧窮，所以我有權這樣剝奪你的生存權，國與國之間不是也用金錢來衡量嗎？人類會不知道這樣做的後果嗎？既然知道為何還要這樣做？因為人類的心念已經病態的很嚴重了——知道了又如何？因為我的慣性就已經習慣這樣了，我必須要靠這樣來鞏固，大量的金錢與大量的物質，大不了最後就是讓沒有錢的人完蛋，憑什麼？因為我有錢啊！

當人類科技進展到可以前進到宇宙其他星球的時候，對待別的星球，只要比地球略遜的，難道人類不會掠奪那邊的萬物嗎？那麼我請問各位，在這種相對性的心念下，當我們遇到了比地球強大的，是不是等於地球也等著被掠奪？

完全只有中道當來下生能解除當下一切的苦，但是單單這樣的內涵是不夠的，必須要有等同的運作與操盤出來，那就是終極的入世法，彰顯正法，整合全部的力量，用人類的模式在等同的經驗值裡面全部轉化掉。而且人類要改變金錢背後的心念與習性，如果人類走上不掠奪、不落入相對性的心念的話，就有機會能夠轉識成智，把苦難的、慣性的錢轉化成為非苦難的錢。

人類只有一條路可以走——所有的價值觀必須解除掉，尤其是運作金錢的價值觀，所有相對的、傷神的狀態與價值觀和操盤的手法，全部都要放下，人類才有獲得救贖的機會。那時候，金錢就是他們納入當來下生磁場，洗掉也們原罪的最後機會。

而當他們願意、捨得放下他們以掠奪萬物而賺來的金錢的那一刻，他們才有改變的空間出來，然後，再納入當來下生彌勒正法無盡的自性變現的中道內涵，人類才能夠不落入相對性，以不傷神、非掠奪性的狀態與心念運作金錢及其他一切，才有辦法解除目前一切被困在金錢裡無邊無量的苦難。

而當人類能夠如來對如來——以如來顯相的肉身互為世尊，互為自主，才能夠呈現出人類真正的正法的生活，它是不消耗的，不掠奪的，它是智慧的，是莊嚴的世界，每一位都是大大我的人民。

天下沒有一定的走法，但**最大的善用是無路可走**，不需要多餘的路，人類所面對的終究是不再往外尋求。**請走上無法可走的回歸之路吧！回到自性，回到初步的原點，給一切**

最後的機會。

正法的心念在有錢處、沒錢處都可以得到觀照與提點，而以善護之心善護一切，**在最深最微妙的地方來講，金錢就是自性，就是如來寶藏，金錢就是一切的妙用。**正法之人深知金錢本身就等同自己的存在，深知一切的擁有將隨著智慧的妙用回應到每一個生命需要的狀態，在金錢的納入過程中，善用金錢解除天下的苦難，也讓每一個生命在有錢沒錢的過程裡面做轉換，提升自己的生命。

無論有錢沒錢都不落入金錢的困境的人將懂得自己就是主人，而不受制於金錢的遊戲，也不再參與掠奪的金錢遊戲，反而以不落入金錢與苦難的狀態，知道一切的生命都會在必然的如來義裡面了然了義，讓擁有與非擁有的狀態回歸到大地本身的資源，它是公有的天下，公有的資產。

以這種狀態來運作金錢流的人類將不再落入苦難，一切生命互為世間尊重，互為主，在整個當來下生的正法世界生活著。

中道的本觀是——貧窮與富有是等同等持的，它只是金錢的來來去去而已，是一個非常淺薄的表象。

富有是一種福德，但貧窮也是一種福德，富有與貧窮都只是一個表象流動的現象，它可以深，也可以淺，可以有很深的意義，也可以沒有任何意義。重點不在於貧窮或富有，因為它只是一種流轉金錢上的表象。

我不是在強調貧窮是好或壞，或者富有才是好或壞的問題，重點不是在強調誰對誰錯，而是現在人類的慣性都認為，富有才好，貧窮不好。我們必須要知道，在慣性苦難的原點裡面，你擁有的金錢有多少，慣性就有多少。

富有是我們人類的一種慣性，讓我們習以為常用金錢來決定一切，人類喜歡富有的模式，然後用金錢去買斷很多人、事、物，對萬物造成重大的掠奪，富有本身的包裝已讓我們落入了金錢遊戲的狀態而不自知。我並不是說貧窮的人不會掠奪，只是他們掠奪有限。我們必須把貧窮的本義與最後的整個狀態和深層的法義表達出來。

在深遠的狀態裡，我們要被提醒的是，當我們擁有許多金錢的時候，是給予我們權柄來善護天下的，不是更加倍去掠奪貧窮，當你把貧窮掠奪光了之後也終將會崩盤的。富有的人比較會忽略掉他自己正在做一種重大的慣性的掠奪，這是誰都可以看得到的事實，所以我們希望富有者能夠有真正的中道本觀去善護天下，給你這麼多的資糧是希望你善護天下，而不是獨善其身。

在中道的金錢流裡面，我們會很清楚的去轉化所有貧窮跟富有之間相對的一切不等同的困境，讓彼此之間能夠互為世間尊重，然後在這種狀態下逐漸調整我們的心念成為「富有不是問題，貧窮也不是問題」，而能夠安在本位裡面，得到彼此應有的善護。

當智慧的國度來臨時，很多金錢流自然會在自性如來的妙用下不斷地轉化掉苦難的心念。**不管有錢沒錢，人類只要用分別心去運作有限或無限的資糧都是貧乏的，分別心本身就是貧窮的**，當你懂得無分別的時候，你就會懂得放下，就會善用，就會佈施，縮短人類富有與貧窮的分別心的狀態。

大智慧的人會用金錢與非金錢去運作很多人、事、物，對富有的是啟蒙，對貧窮的也是啟蒙，讓彼此之間的敵對性、相對性解除掉，然後逐漸敉平之間的落差，所以，**重要的是要以無分別的狀態去運作分別的狀態**，富有之人要先讓自己處在一個無分別的狀態，用肉身全部圓滿的身、口、意去善用一切地球的資糧，所以富有是他的妙法，貧窮也是他的妙法，這就是中觀的重大無分別的金錢善用。解除富有與貧窮之間的相對性，讓人類的金錢全部重整，恢復真正的等同等持公利天下，每一個人都能夠得到他應有的尊重與富足，這就是當來下生無盡的妙法，無盡的金錢妙用。

還有很重要的一點就是，當生活中還有某種不穩定的震盪在各種介面提點的時候，就表示還有變革自己的最後機會。

人類最大的危機是在於，當處在富有的時候，已經完全沒有外在提點的任何機會，以人類愛好富有的習慣而言，也就等於不會再有面對自己的機會，也習慣以擁有的外在資糧來解決所有的問題，而問題本身應是改變自己的契機。

拿外在改變的假象，以為就是在處理自身改變慣性的事實，那將是最大的悲哀。

人類尚未知，富有的危機就是這一點，所以，在還有外在震盪提點的當下，不應落入表象對待的外在解讀，而應深化轉化自身，震盪自然會消退。

如果，因為害怕貧窮，而**尋求外在的方式解決貧窮，只是在福報上解決貧窮而已，不等同放下慣性，不等同改變了自己，不等同深化了自己**，若落入外在之法而不深化自己的話，震盪的提點必然會繼續存在，負責提點當事者，而我們永遠也無法預設這個震盪何時會再次出現。所以，**佈施於改變自己的機會，是無量殊勝的唯一選擇**。

若以為只有富有就能解決貧窮，所失去的跟遺憾的就是——解決貧窮的過程與改變自己無關，而中道的示現在解決貧窮的同時也改變了自己，了然自身的貧窮是什麼原因，才是真正的莊嚴之道。

富有了，將更難以改變自己。

在尚有震盪與外在提點的時候，能夠真正無預設的納入改變自己的提點，才是對自身的存在做了最深遠的選擇，因為在那一刻，才是真正生命恢復自主的所在。

不要在富有的時候，同時貧窮了自己。

求財，外求之財將得更大的不安

問：人類落入求財的慣性，如何解除其中的不安？

求財，求什麼財？求天下的財、當下的財、苦難的財？求一切的財、宇宙的財、眾生的財？還是求內在的財、清楚的財、圓滿的財？為何而求？求些什麼？是有所為的求、無所為的求？還是真正清楚了什麼，而放下那個求的狀態的求？

金錢本身是中性的，它是一種存在，也是一種應許，金錢是引動我們自身不安恐懼的關鍵，也是很好的一個檢視。為什麼我們會有一個往外求的動作？**在求的背後就是我們本身尚有所不安的狀態**，這些金錢觸動了我們往外求的一種慣性。當不安恐懼觸動了我們，而我們又沒有辦法承受，也沒有辦法放下的時候，就只好再去尋求更多的外在的錢財來鞏固我們更大的不安恐懼。但這終究是以人類的立場來做為一個標準，當即使擁有了金錢但也無法撐住的時候，就是人類掠奪自身之外的其他無量生命的時候。

所有的求都是辛苦的，所有的求都是因為不安恐懼而造成的，我們的求是要透過金錢的求，解除自己尚有所求的不安恐懼，所以這求財的過程，事實上就是不安恐懼所延伸出來的結果。**真正我們要求的是——我們自身不安恐懼的解除**，當我們解除這些不安恐懼的時候，才能夠真正了然了義這些金錢是為了什麼。

我們要知道的是，**錢財的背後等同於照見我們人類背後數不清的苦難、邊角與傷神的衡量**，導致了這個求的動作與現象，而當我們沒有辦法就此打住的時候，就只能不斷地往外，不斷地擴大，不斷地累積，不斷地遞增求的慣性，然後這外求的慣性又不斷地造成自身與萬物更大的苦難，永無止息之日。

人類不能用這種外求的狀態來追求金錢，因為這是用更大苦難的金錢流來鞏固自己的不安恐懼，這種掠奪性的相對性的金錢流只會造成人類失去自己存在的價值、莊嚴與尊嚴，失去了解自己的契機和一切的法緣，也會讓萬物失去它們最後存在的根本生存機會。

放下一切的求，沒有求的慣性、沒有求的承受、沒有求的狀態的恢復清明之後的人類會是什麼樣子？放下一切的不安恐懼，綑綁在金錢裡面無盡的負面狀態全部釋放掉的人類會是什麼樣子？

解除不安恐懼的當來下生彌勒正法就是人類的最後機會，是不往外求而金錢自來的無為性的不傷神的中道金錢流的正法，這是人類的最後希望，也是人類重拾尊嚴的最後機會，莊嚴而不可思議。當什麼來的時候我們放下，才能夠生生不息地以內在生命的清明清楚的狀態來運作外在的生生不息的金錢流，讓中道的正法能夠妙用在每一個金錢流裡。每一筆金錢交易都是如來妙法，每一個正法金錢流的來來去去也讓所有有關、無關的狀態能夠解除，沒有來去的相對性的問題。在日常生活當中，隨著每一個當下進行的金錢交易買賣，照見我們自身的問題而後放下，也同時恢復生命的清明清楚。對人類來講，正法金錢流的背後，就同時讓所有生命得到恢復，得到尊嚴，得到重拾他自己的存在價值與重要的沉澱。這一點是當來下生正法金錢流必然運作於日常生活中的每一個事實。

智慧之人在他運作金錢的時候，同時是為了恢復自己的生命，不斷地在錢的運作過程裡面也恢復了自己存在的價值、尊嚴與清明，金錢運作到哪裡，當下放下慣性到哪裡，這樣的中道正法的金錢流，是人類應該走的最後希望。

正法的金錢流是莊嚴的金錢流、當下的金錢流、自然自主的金錢流，是真正唯一能解除人類掠奪狀態的真正自主的金錢流、清明的金錢流，使人類放下慣性的一切，解除所有往外求的狀態，求於無所求，沒有求不求的問題。

中道的金錢觀，無求於天下，無求於當下，無求於一切，唯獨這一切的無求，是為了讓內在的如來恢復。如來的金錢流是怎樣做都沒有承受的狀態。**人類的進化可以走到整個地球都是世尊的金錢流、如來的金錢流、主的金錢流，這是主親自應許的事實。但是人類必須自主，這是人類必須對自己應有的承諾，這才是重要的根本。**

所以只有放下往外的尋求，不再遞增苦難，人類自己要有信心做到。當人類給自己機會的時候，將親見主本身的示現，無求而天下自得，沒有求不求的問題。彼此相求，彼此都失去自尊啊！放下彼此的相求，之間能夠共振的一切將是無邊無量的。因為**生命的本源是求不來的，它是放下求之後，無盡寬廣永不再綑綁的世界。人與人之間互為世尊的交流，那裡面所產生的金錢流是無法想像的，它解除了一切的不安恐懼，確定事實是如此，這即是在金錢流中自主的要義。**

偏財，傷神之財

問：如何在正財與偏財的互動中不傷神？正財與偏財之於人類的意義是什麼？

人類在各種不同形式上的既存經驗值裡，一般人對於所謂正財、偏財的理解都是用「我工作，我付出心力而得到的錢財是屬於正財，其他管道得到的就是偏財」這種想法來看，但這只是一個外在形式上的分法。因為無論正財、偏財，這裡面有一個非常複雜的事就是，因緣果報各有不同。

以一個很深的狀態來講，有些人在他們了掉因緣果報的過程裡面，或者是說他在結某個惡緣或善緣的過程裡面，必須是以遞增或遞減的方向進行，所以他在金錢來來去去的過程裡會有各種不同的形式，不能單單只以工作或付出心力而得到的金錢才是正財而其他就是偏財的這種方式來看，這些只是形式上的理解。重點是在於，在金錢背後無量的因緣果報裡面，它容許用一切的形式來對應這個過程，不管是要消融掉因緣果報或是遞增，所以金錢的來來去去可以做為方式之一，這是一般人不會想到的情形。

現在我要提升層次來講所謂的正財、偏財。人類在金錢的遊戲裡面毀滅了萬物，毀滅了自己的一切機會與法緣，毀滅了人類本身的尊嚴。所以面對金錢流的存在，所謂的正財與偏財，就只有一個根本的答案，那就是，**落入相對性的都是偏財，不落入相對性才有正財可言**。有邊有角的、一切辛苦的金錢流都是偏財，不管在各行各業，各種不同的商業模式與供需，只要是落入相對性的，就是往外的、掠奪性的金錢，就都是偏財，因為它們都偏於外道。

以有邊有角的心念所運作出來的傷神的金錢流，清清楚楚地刻劃在所有萬物被掠奪的傷痕與痛苦上，萬物的存在已經失去了根本的價值，因為它毀滅在人類失落於偏財的無知裡。人類用金錢的合理化掠奪了萬物，失去了基本的覺性的尊嚴。

在這種層次來看，何謂正財？**不落入相對性、不落入有邊有量、不落入慣性的狀態，運作出來的金錢流才是真正的正財**。

金錢清楚地照見了人類落入了相對性與有邊有角的慣性裡，人類對於金錢的態度都是有偏差的，都只是為了要填補自己的不安，想盡辦法用自以為可以填補他不安恐懼的方法來繼續運作金錢，又更加鞏固了不安恐懼。

所以，重點是出在我們如何在面對金錢流的來來去去時，能夠沒有來去的問題，那就是我們必須照見自己面對金錢時的狀態，讓自己不落入相對性，把所有有邊有角的心念去掉，使金錢變成就是我們自救的當下法緣。

面對金錢時，要把相對性的消耗都解除掉，讓自己成為無邊無量的，**何謂無邊無量？就是邊角的衡量全都拿掉**。以這種無邊無量的、不落入相對性的心念來運作金錢，就是中道的正財，法義的正財，不二的正財。這是人類在接下來的歲月當中應該要走的提升之路，而不是尋求各種不同的得到金錢的途徑與方法，做外在性的思考。

所有有邊有量的企業主與所有還停留在各種不同框框裡面自以為有錢就很安全的各個不同階級的人，全部都要打破他們有邊有量的心念，讓他們有機會知道他們本身有多少的不安恐懼與無量劫存在的苦難都框在那種心念裡面，這些全部都要解除掉。

金錢的背後是你的心態，在你想要擁有金錢、運作金錢的當下，如果你照見了自身的心態，那麼，任何再大的偏財、橫財、生死財都有可能轉化成一種可以提升的資糧與因緣。

但是，必須是納入金錢時你能夠照見自己的慣性，然後去掉，轉化成不二的心念，再來把納入的金錢運作出去，佈施給天下，讓更多苦難的錢，在錢與錢的碰撞中，都變成一個可照見的狀態，你的運作使得更多人因為納入你的金錢而照見了他自己在面對金錢時的慣性與有邊有角的衡量。不管你透過任何平台，任何經驗模式，不管對有形、無形的狀態，所有運作出去的金錢流都要能夠讓所有的生命打破他們有邊有量的、傷神的金錢運作模式，這才是真正的、重大的、正法的**當來下生**的金錢法流妙用的佈施、運作與操盤，這樣才不會有任何的金錢流的不安恐懼，面對金錢流時沒有畏因的問題。

過去的你是怎樣的心念？辛苦到什麼樣的程度？當你面臨空前毀滅似的非毀滅的時代時，當你深知這一切都是有邊有量的沉重累積，而你已經承載不了的時候，你要如何對過去徹底的告別？

那些願意放掉過往所有的金錢模式，把金錢供養當來下生彌勒正法的人，就是為了他的身、口、意存在於過去所有金錢模式裡的辛苦全部都要放掉，當這些辛苦的錢供養了彌勒正法的時候，他就會放掉這樣辛苦的狀態，放掉辛苦的金錢運作模式，生起真正不辛苦的正法的商業行為與模式。所以當你的究竟、全然、佈施、納入到某種程度，你生命的恢復、莊嚴、自在與力道，就會透過震盪剝落你數不盡的、辛苦的、有邊有角的金錢流運作方式，而轉換出一個真正生生不息的恢復內在如來智慧的不辛苦的、不消耗的、不傷神的金錢運作方式，從個人到家族到天下，你可以操盤你的一切金錢流，讓當中一切苦難的生命能夠恢復。

我們的重點是要讓每一個人都懂得不論擁有多少金錢，在當下都能夠有智慧的往自己救自己的方向去走，救他自己免於落入相對性的偏財，偏財背後的那些心念、那些有邊有量的衡量、傷神、辛苦就是他不能自主的地方。所有的企業主或是運作金錢的每一個各行各業的人都能夠不落入相對性來運作金錢，這樣是不傷神的、深遠莊嚴的、生命自主的金錢流。你的金錢運作到哪裡，你的邊角就要放下到哪裡，讓自己以無邊無量的狀態來運作金錢。這個金錢就是你自己的自性如來能量的展現，等同等持存在於一切生活的每一個當下的重要經驗。

所以金錢就是如來妙法，能夠解除你無量劫來在金錢流中無法畏因知苦的狀態，金錢就是你入世法裡最直接最當下的存在，它會止息現在所有掠奪的狀態，解除所有落入相對性的一切苦難，讓人類重新取回自身覺性的尊嚴，與對萬物、對一切存在，無論有形、無形等同的尊重。**金錢就是世尊，金錢就是如來，金錢就是救世主，但是關鍵的條件就是不落入相對性的偏財，而進入非相對性的正財**。一旦落入了，就是我們要解除的地方。

所以，重點不在於金錢本身的取得是來自工作或是樂透或其他管道，而在於你在運作金錢的當下，你是有邊有量的，還是無邊無量的？你在使用金錢的當下拿掉了你的任何邊角與辛苦，你自照見，也讓別人照見了的當下，就是中道的正財妙法財神。

真正的佈施

問：真的多佈施、多做善事就能多積功德嗎？

天下沒有一定的好事，沒有一定的壞事，當下沒有一定要怎麼樣的事。當下的當下，做了很多事情如果都不是與放下慣性有關的話，那麼，做任何事就只是一個慣性的好事或壞事而已。

重點是在於放下。

當我們在做所謂的善事或好事的時候，要在當下觀自己是不是用慣性在做善事或好事，還是說我們在做這件事的時候，意識到了一些事情而後放下，這樣子才是真正有觀自在的妙用。或者，我們只是在做一個形式上的事情，把它變成一種模式、一種可依循的軌跡、一種框框下的習慣性的做法，然後附加在自己身上，也附加給別人，更有甚者，把它當成是一種價值觀與道德觀。又或者，在這慣性的做好事與善事背後的心理狀態中，我們產生一種法執，一個更大的期待，期待多積功德之後來生可以有比較好的人生，或往生到某一個淨土或其他時空裡面去，那終究還是有來去的問題啊！

我們是不是能夠看到自己在做這個事情的期待、慣性與心理狀態？還是說能夠放下這個期待與慣性在做這個事情？或者是在做這個事情的每一個當下又放入了自己的慣性？

我們應該即時即刻即利益眾生。當你在做這個事情時也讓所有的眾生都能夠放下他們的慣性，這樣子連結的佈施才是精進的，才能讓眾人都生生不息，而不是只有一個表象上的佈施。如果只是一個表象上的佈施，我們遞增了什麼不知道，我們遞減了什麼更加不可能知道，遞增容易遞減難啊！

我們真正應該要做的是善逝，大捨之後的消逝，意思就是善於把慣性處理掉，而且要處理得消逝無蹤，究竟無漏。我們做每一件事情，對於一切、對當下、對天下、對每一個行進都要以這樣的知見態度做為一個基本盤來觀照。

在人與人彼此的對待裡面，如果沒有遞減慣性，何來能有真正的良好互動？很多事情不是怎麼做的問題，而是當下若能夠遞減慣性才會讓事情不辛苦。人與人之間的往來不在於做怎樣的進行，而是當沒有辦法遞減慣性的時候，就只能在方法上找一些模式或更多的標準來框住彼此，人類的生命力因此越來越受限制，這樣終究無濟於事。

人類最常做的事就是，把附加給彼此的框框變成所謂的良好規範、道德標準、價值觀。觀照人與人之間互為世間尊重，才是我們佈施時真正所要有的基本態度。施予就是供養，佈施不單單只是我們給別人或別人給我們些什麼東西而已，佈施時也要能夠觀照我們有沒有把慣性或情緒施予給別人，不管佈施的內容是什麼或平台是什麼，當我們把慣性或情緒一併佈施給別人時，我們也終將會承受別人的慣性與情緒。

佈施本身並不是只是在做所謂的好事，佈施是人與人之間在進行的每一個當下任何無邊無量的心念的來來去去，每一個身、口、意、每一個眼神、每一個細微之處、每一個對待本身都是佈施，佈施就是供養。

你有什麼需求或圓滿、不圓滿，俱足或不俱足，彼此之間的框框與標準是無邊無量的不一樣。每一天彼此就在佈施，每一天就在互相牽動彼此，被牽動者本身如果觀照到了，而且也放下了，那個佈施本身就提供了彼此當下共振的涵養。

通常世人所講的佈施都是相對性的，一方施捨一方接受，但其實**施者與受者都是假象**，若我們不要落入相對性，其中一人一定要懂得**當來下生**——當什麼來的時候放下，當什麼佈施來的時候放下，那才是真正的佈施。**你放不下的都是假佈施，等同於沒有佈施，等同是慣性丟來丟去**，永遠有來去的問題，做任何佈施若有來去的問題都等同於佈施慣性。佈施慣性是現在人類當下進行的唯一事實，因為人類彼此之間不斷地佈施慣性，到最後也佈施給萬物，讓萬物承受了人類的慣性，這就是浩劫。**佈施慣性就是最大的浩劫**。

所以，我們一定要收圓，把所有延伸出去的慣性全都收回來，才有圓滿的機會，此外無他。

在生活中每一個進行的當下，任何的佈施在牽動彼此無量劫來的任何不圓滿的任何狀態，我們若都能引領彼此放下慣性，那個功德才會出來，這才是真正的佈施的功德。這樣子的情況之下，我們就會很清楚的善於解除掉一切慣性，徹徹底底，究究竟竟，這才是往生生不息的方向去走，莊嚴其內在自性功德，於一切如來生活當中，清楚圓滿的佈施於彼此的每一個狀態。

慣性金錢與彌勒乾坤袋

問：在金錢的來去中，要如何才能放下金錢的慣性？

當與對方商量金錢流的往來時，若將對方的慣性或帝王術引動出來，當下你如何覺受到自己被對方牽動的震盪？

一種是你在事後消化的時候，所反應出來某一種身、口、意的震盪。另一種是在當下，在你與對方運作的流程裡，就能察覺到那個震盪，並當場消化掉，然後再回應給他。

以智慧運作金錢，就能解除來去的問題。**金錢流即是自性法流，金錢的震盪是遞增慣性或遞減慣性，在自身的一念之間**，觀自己在一切金錢評估裡的傷神與否，所決定的意志與當下的心念都是金錢能不能自主的關鍵。

與金錢相關的無論是事前或事後的決策，都要能夠將已經累積的承受給消化轉化掉，才能真正做到不傷神、不辛苦、不承受，而不是單純只看有沒有達到目標而已。如果是事後你自己消化，雖然你有達到目標，但因為是事後，所以你的力道無法在當下即刻回應給對方，而你也會有所承受。這裡所指的力道是指佛法的當下性，重點就在於轉識成智。

金錢的背後其實是意識流所形成的，它是一種識性能量所形成的金錢流，所以當你將對方的金錢納進來的時候，也同時會納入對方的狀態，包含他的慣性與苦難，你如何運作這些納入的慣性金錢流與意識流？因為它們很可能會帶給你很大的震盪。

如果你能夠在感受到震盪的當下覺受到那個因，即刻消化掉，就不會有任何承受對方慣性與苦難的狀況。這與事後的檢視、沉澱與消化是不等同的，差別就在有沒有承受到。你承受了多少，時空就有多少，好比說你期待對方交付金錢的期限或數量與實際發生的可能落差。如果要縮小落差，在我們納入慣性金錢的同時就要能夠轉識成智，若你有大智慧，甚至連轉的過程都沒有，在當下完成，沒有時間、空間的問題。

轉換之後的金錢就變成是能量的金錢、法流的金錢、覺受運作的金錢。

我們覺受對方金錢背後的苦難與慣性，納入後如何轉成公天下的狀態，之後迴向給當事人，才是我們所謂的真正的**彌勒乾坤袋**。

乾坤正法之金錢流，納入與佈施是等同等持的。我們要覺一切金錢流背後的慣性，以彌勒正法納入的當下，必然令慣性金錢放下傷神之處，供需之間，供養之關鍵，金錢是苦難眾生的不安恐懼之所在，也是解苦解難密因之所在。乾坤布袋裝著不傷神的彌勒正法財神的妙用，這才是中道金錢流的不二法門。

金錢，慣性的苦難與解除

問：世間的金錢供養彌勒正法當來下生的磁場，其重要內容為何？

金錢所檢視的，是當我們面對金錢與使用世間的各種資糧的時候，有多少傷神與不圓滿的地方。

今天的苦難已經無邊無量地落入了金錢的表象裡，但是人類觀照出來了嗎？一直為金錢所苦的人們要如何面對自己？每天辛苦地累積金錢，到了最後，只剩下了淺薄的自己、一切無能為力的自己、只知掠奪萬物的自己、用金錢來充當保障的自己、無邊無量永不再面對任何機會的自己。今天這個世界，能夠困住人類的也是金錢，但這是誰的選擇？是人類自己的選擇，這是眾生的選擇，也是對自己的生命最大的不尊重。

金錢曝露了人類生命陷落在金錢中的狀態，以為有金錢就可以處理一切。人類現在已經失去用本來面目、本來的佛性來衡量一切的能力了，眾生現在所能衡量的能量就是金錢，不是嗎？眾生都以掌握的金錢有多少來決定一切啊！

但我請問各位，若沒有了你現在這具肉身的時候，你會在哪裡？到時你能夠用這些錢嗎？若你父母沒生下你，你又會在哪裡？當你被生下來的時候，你帶來了些什麼？你走了之後，你能留下些什麼？

看看世界變成什麼樣子了，這就是人類玩金錢遊戲所付出的代價。金錢本身已經在打擊人類了，地球與萬物能夠再承受嗎？**支撐人類的金錢遊戲是地球上人類之外的萬物的生與死啊**！你能夠無所謂嗎？還是要等到人類已經走不下去的時候再來看著辦呢？你要這樣子嗎？來得及嗎？你承受得了嗎？有再生的機會嗎？有辦法預測那個機會點嗎？是人類主導了災難啊！

這個道場上不是只有人類而已，還有萬物，我們要以萬有的共同苦難的基準點來檢視評估，不是只站在人類的立場上而已。

如果眾生能夠用金錢解決所有的苦難，那早就能自己處理掉了，如果現在一切主流的宗教、商業模式能夠解決苦難，怎會有現在這樣的世界？但是當你沒有辦法處理掉所有的苦難時，有一個磁場，叫做**當來下生的磁場，能夠收圓一切苦難，而收圓所有的苦難，就等同收圓所有的金錢**。請問你，將以如何的供養來養你自己解除苦難、恢復生命的機會？

一即一切，金錢就是苦難，就是能量，就是磁場，就是因果，就是生命，就是佛法，

就是如來。金錢就是諸佛的世界，就是一切心念狀態的反應，就是當下無量劫累積的狀況。金錢本身就是最後的機會，也是所有我們衡量不了、處理不了的苦。

今天如果有個方法能夠解苦，就是要以你現實的條件來供養，與正法結緣，眾生不都拿金錢來衡量世間事嗎？當你不夠清明的時候，你就是這樣衡量的啊！但別忘了，苦難即是金錢，當你知苦的時候，也知有一個方法能解除掉你的苦，請問你打算如何供養？供養多少？

當肉身存在時能夠解除苦難，之後還是可以去運作金錢的來去，生生不息，但是當你的肉身沒了的時候，你怎麼辦呢？或者說，讓你的生命在金錢裡失去了自己，只能用金錢來鞏固你無量劫以來的不安恐懼，等到累積了差不多的時候，也失去了一切解苦的機會，到時，你擁有再多的金錢又能夠怎麼樣？生命與生命之間，要透過金錢去看嗎？在世間與地球的運作，金錢幾乎可以買到一切，但不是要讓我們被金錢困住，不是要變成物化、貧乏我們自己與掠奪萬物的工具，這不是金錢的本義。

我們在金錢裡被困住的程度有多少，就表示金錢檢視出我們的慣性程度有多少，金錢來來去去的背後就是人類一切因緣果報來來去去的過程，所以，當你把慣性、苦難交託出來，就是等同把金錢交託出來。

金錢等同於你苦難的磁場，當你把苦難交託出來給當來下生的磁場——不辛苦的、不傷神的磁場，即會轉化掉你的苦難，之後你才能有辦法以不傷神的經濟行為運作出不傷神的金錢。

金錢本身就是自性變現的，等同於我們肉身的存在，金錢的生命就等同於我們肉身存在的重要性，這是實相，這也是莊嚴的密因，就是因為這個密因，所以當你入了當來下生的磁場之後，才會有這麼大的相應。

金錢就是你的存在、你的能量，你有多少金錢也代表你的茁壯，但人類竟然被困在金錢的包袱裡面，然後再用金錢去延伸更多相對性的傷害，這個心念是完全必須要解除掉的。既然因為金錢而困住了自己，是不是代表也可以在金錢中解除了自己？不論有形或無形都是一樣。

華人都很喜歡財神，但所謂**財神的意義就在於，你在無量世界裡用各種不同形式貨幣的傷神狀態——你的金錢與經濟行為全部都在反應你在金錢上有多少傷神之處**。

今天**所有你供養出來給當來下生的磁場，就是在解除你傷神的地方**。如果你有辦法用傷神的方式與辛苦的心念繼續運作金錢下去的話，你可以繼續下去的，你可以無所謂地盡量走傷神與辛苦的路，正法也會無限地尊重你的選擇，但當你走不下去的時候，當來下生磁場可以在瞬間改變你傷神的所有經濟行為，這世界也唯有當來下生的磁場能夠把所有傷神的當下給解除掉而沒有任何落入的過程。解除傷神的經濟行為，等同解除人類以傷神的經濟行為掠奪萬物本身的生存權，這是當來下生彌勒正法透過不可思議金錢法流的磁場，所示現的生命解脫自主的無所住的、無來去的、無傷神的金錢法流的無上妙用之示現。

每一個人在一生中所有的金錢來去中，放下自己無邊無量對金錢的傷神，就等同自己當來下生的磁場，就啟動解碼了，剩下的就是你自己持續的努力與觀照。

目前世界的問題是出在日常生活中的苦難，苦難來來去去，都在檢視大家在金錢裡傷神的狀態，因為我們的心念出了很大的問題，**在商業買賣之中彼此把慣性、苦難丟來丟去，互相把情緒與不圓滿丟給對方，這樣我們還有什麼機會解苦？**金融海嘯不就傷害了整個人類嗎？這背後的不安恐懼是誰在運作呢？這些都是傷神的經濟行為與心念，只要用了錯誤的辛苦的心念運作金錢就會變成這個樣子。

有人問我要如何供養當來下生的磁場？其實在一切不可思議的法緣對應中，**這些所有納進來當來下生的磁場能量裡面的一切，都已經是無邊無量歲月裡的苦難狀態**，這些苦難全部都要解除掉，包括肉身與靈魂體，即使是靈魂體也有苦難的，活著的與沒有活著的、有肉身的與沒有肉身的、無量星際的所有苦難，當來下生一概都能解除掉。

在所有金錢的來來去去裡面，都反應了人類無邊無量的苦難，當來下生是唯一可以解苦的機會，而且就是要從你最在意的地方，用人類最喜歡的金錢去納入當來下生，解除你的綑綁，因為那就是造成你苦難的慣性，你累世以來都無法放下的慣性。

在哪裡最能夠照見人類的慣性？就在金錢的對待裡面。

要讓人類真正去正視他們在金錢裡的迷惑與苦難，當然就是要從金錢開始對應起，那是最入世的切入點。當來下生就是要用金錢來震盪你，因為你已經是個沉淪在所有金錢遊戲裡的苦難生命之一了，而你卻不自知，緊緊抓著你的慣性金錢也代表你緊緊抓著你的苦難啊！而當任何苦難來的時候，唯有放下的路。當來下生磁場就用這些初步納入的基本金錢去震盪、點醒眾生，金錢納入到哪裡，所有的苦難也放下到哪裡，包括肉身與靈魂，包括無邊無量的生命形態，在過往的一切裡面，全部都能夠解除掉，而讓你生生不息，這就是當來下生入世的切入點，**這就是當來下生無上財神法——無上密解除粉碎無量苦難的財神正法，粉碎掉所有讓眾生被困在慣性金錢與苦難裡面的一切結界點**。

不被金錢所困，不被金錢所檢視的我們會是什麼樣子？一直以來被金錢操控的我們，為什麼不能反過來利用金錢來解除我們所有的苦難呢？我們對金錢來來去去的態度與理解就是要完全等同等持的存在。

現在此刻，彌勒正法當來下生面對一切人、事、物的入世法，納入當下個人、家庭、一切存在的任何形式的任何苦難形式的法供養，即是代表苦難本身，然後解除掉，讓你恢復正法不傷神的狀態，再繼續運作你的金錢流，而走上正法的人生，懂得用不傷神、不辛苦、不用力去運作你的人生，而後生生不息。納進來的是你之前傷神的金錢部分，以結緣不傷神的正法力量，讓你先把原本舊的、慣性的、不安的、苦難的金錢使用方式在當來下生彌勒正法的磁場中放下。那些供養的錢就是要放下你在金錢上所有的苦難，收圓你苦難與傷神的金錢，讓你恢復不傷神的金錢運作的智慧。

以金錢剝落金錢裡的苦難

問：慣性納入正法解除苦難，跟金錢佈施的多寡之間如何相應？

當生命納入當來下生的彌勒正法時，會有各種不同層次的衡量，因為每一個不同的生命有各自不同的因緣果報。

有一些人，好比說你，是一位覺者，願意叩問生命，為自己也為別人，不管資糧夠不夠，可是當你的態度完全是誠心的、尊重的、積極的、接納的時候，那生命靈魂體的資糧就會以不可思議的能量場引動各種不可說的金錢流的示現方式，納入當來下生彌勒正法，讓自己的生命走出輪迴通往自主。

但以另外一個角度來看，金錢也是能量的一種，很多事情是可以用金錢來檢視的。

你為何為金錢所苦？你有心要解苦與恢復生命，但是，你自己應該要不預設的全然面對自己在金錢中所有傷神的衡量與不安恐懼，以至情的心大捨，對自己的一切納入當來下生的磁場，你內在的如來自會在金錢流的佈局上有所相應。雖然因緣成熟時金錢自然會進來補你的不足，但是你信心夠嗎？決心夠嗎？確定夠嗎？你有一些覺受，但不足以突破你在金錢上的障礙與框框，那該怎麼辦？

還有一些人，他已經有某一種厚度了，也有叩問生命的積極度，但是他資糧也不夠，這時正法一樣可以用金錢來檢視他恢復生命的積極與決心，這話怎麼說？有一些人他沒有錢或錢不夠，但是對於喜歡的東西，他會去貸款、預借現金、向家人借錢……，什麼方法都可以，就是要想辦法買到他想要的東西，無論是名牌包或高級車。如果他是真正知苦的，又確定當來下生的磁場可以解除他根本的苦，為什麼不能用這種想盡辦法買東西的動力來想盡辦法與當來下生的解苦磁場結緣，進而解苦恢復生命？如果他做不到，可想而知的是，他根本還不夠苦，或他決心不夠。當他真能做到的時候，也許當下他很多金錢上的限制都會解除，尤其是心裡面對於錢的障礙的解除。

因為真正的解除不是解決沒錢的問題，而是改變你的價值觀，顛覆你的慣性，許多苦難的狀態與形式都框在你很多的價值觀與習性裡面。

金錢鎖住你，金錢也可以打破你，金錢就是如來的打手。不是你有錢沒錢的問題，而是你知苦了沒有，如果真的想解苦，你就不會錯過可以解苦的機會。現在這個世界，人類對於在意的商品，想辦法都會去買的，為什麼當可以解苦時，卻不想辦法去解除呢？為什麼不去把苦處理掉呢？為了慾望，什麼錢都可以花，那就代表還不夠苦，如果你真的知苦也想解苦，以至情至性叩問自己生命的如來，你的如來將會以相應不可說的妙法令你覺受所要變革的重點，也會適時供養相應的金錢流成就解苦解碼的資糧。

所以真正的問題就出在你的心態，你是不是真的想要生命清楚、獲得解脫？還是苦難對你有「致命」的吸引力呢？

一切生命存在等同正法的示現，金錢的來去相應無來無去的能量覺受，在金錢無所住的當下，以不傷神的狀況，自主的輪動示現所有金錢流的無上妙用，在彼此共振下自然會有更高層次的解決方式出現。金錢不是唯一的方式，**但以殘酷的方面來講，是人類把金錢搞成了唯一的方式的**。

人類全部都受困在金錢裡面，那就用金錢等同等持解除掉。如果諸佛與正法的密佈局真的用更不可說、不可預設的方式，照見人類在金錢上的重大掠奪慣性，做重大變革的調整時，那就是，你的傷有多大，你的苦有多少，就得付出同樣大的代價，之後你自己的如來再來回應你，難道要讓自己在被照見的情況下，才願意面對嗎？現在的世界不就這樣嗎？無常的世間法不就這樣嗎？

不離世間覺，佛法沒有一定的形式，而當苦難是唯一的形式時，就用苦難的形式來解

決苦難。以慣性來解決慣性，用任何苦難的形式來納入當來下生彌勒正法，所以，以苦難來剝落苦難的慣性，非常直接了當。

真正知苦的人會很主動積極，全然地去觀照解決這個事情，真正知苦的人是不留片刻的，不留片刻、不留餘地的解苦只是恢復生命的基本條件而已，我可以確定的是現在的人類還不夠苦。

所有宗教的、思想的、修行的、心靈的書，地球上已經有多到如恆河沙數的這類書籍了，修行了那麼久，祈禱了幾千年，結果呢？人類也只有向金錢流妥協的份。為什麼少數的文明國家、少數人擁有了多數金錢，卻不願意共同善護幾十億無能為力的人類與地球萬物？

許多人都在關心地球與人類是否會真的如電影或網路上講的毀滅掉，我可以很直接又坦白地講，不會直接毀滅，人類對萬物的冷血掠奪，對地球的無情摧殘，為自身的利益掠奪了萬物的生存權等於毀滅萬物的生存條件。試問，當人類自身面臨生存權被直接毀滅的時候，又終將會是怎樣子的不安？

這一次是等同毀滅，是毀滅的非毀滅，它是毀滅的歲月，活著的毀滅，而非死亡的毀滅，所有的苦難清清楚楚地在肉身活著的歲月當中，讓肉身親眼見證這種毀滅的非毀滅的日子，讓肉身當下直接地面對自己的慣性，面對自己造成的苦難，彼此互相毀滅地活下去，人類每天都活在毀滅裡面而不毀滅的日子，是這一次的基本調。

這些年人類已開始漸漸感受到這個狀況，過了二〇一二年之後，就開始全面性地面對了，全面性地開始過這樣子的生活。

請問各位，當世界變成這樣的時候，金錢的意義是什麼？

我可以很明確地說，**正法入世，就用金錢流來開始變革整個人類的慣性，因為，唯有放下慣性，恢復生命，人類才有解苦的可能性**，要不然沒有什麼好談的。苦難在每一個人的身上，無止盡地丟給彼此，當你擁有一切卻還是這麼苦的時候，你怎麼辦？錢也救不了你啊！

這一切不是有錢沒錢這麼簡單可以衡量的，**真的知苦的人會用最全然的態度與狀態來納入當來下生的磁場**，自然就會想盡方法跟自己內在的如來互動，以錢或非錢的方式，以可說或不可說的方式，來叩問自己生命恢復的契機與法緣，到時候你的自性如來自然會給你相應的金錢流，這會印證的，這裡面有很多層次與密因。

在當來下生的面前只有一條路——先放下再說，要不然沒有可談的餘地。

震盪才有剝落慣性之事實，修行不是用來說說的，面對生命不落入是非的評斷，震盪方能見真章，震盪檢視當事者是否意會到當下放下，或者選擇延伸震盪到其他人、事、物，一念之間，震盪即正法，震盪是妙用，震盪方能照見自身問題所在，震盪即是面對的法緣，震盪即契機，震盪的當下即是止息收圓的同時，才是真修行真面對。

人類已經擁有太多了，**人類只看到金錢的有形表象，認為金錢能給自己帶來保障，但卻看不到在金錢的磁場裡面，苦難堆積如恆河沙數，無邊無量，遠遠超過你的想像，**當來下生是唯一可以解除的最後機會。若你要守住你的金錢，就盡量守吧！那就是守住你的苦難啊！不想改變、不想放下也是可以的，但如果你知苦，也祈請你以掠奪萬物並造成萬物那麼痛苦的那種速度來變革你自身在金錢裡的慣性吧！

第二節 肉身

病非病，病即如來

問：人類如何以智慧解讀一切的病相？

當你有「病」的感覺時，它就是病。想要不落入相對性，那麼是不是要先了解相對性的問題？所有的不落入相對性都是從相對性的苦難中走出來的，這是體察，要懂得不被牽動，不被病所牽動。如果你落入了病相，而你有沒有察覺到？當我們面對病相的那個瞬間，就已經是一個受病相所牽動的身、口、意上的覺受了。

病非病，病即如來，病即當來下生，病也是一個法門、一種如來的訊息與教法。

病不思議，不落入病相，不延伸病相任何身、口、意的不安恐懼，病是如來當下解苦的過程，等同恢復生命的病非病之根本自我教育。

病即因，即果，即一切所有的恢復自主能量重大的密藏，從病相中體會一切覺受的智慧，體會病相是所有生命的重大微妙機制。

病即如來，從病中了然如何不受制於病相的限制，就是病的教法。

在病的密因中，等同且了義尊重病相存在的奧妙，相應肉身任何可能的觀照而恢復的契機，同時解除一切有受干擾的部分。

病即是自身即刻的肉身能量恢復的事實，智者在病的過程中，加深了生命的厚度，莊嚴了肉身在病相中了然了義的清明。

病痛不舒服只是一個病果，病是各種累積的結果，結果本身就是在以病相調整產生病因的習慣模式，改變舊有的慣性模式，就是同時解除病因的關鍵所在。我們不能只解除表面的病相，更應透過病相的對應過程，了解病相提點的關鍵是什麼，要改變的慣性是什麼。所以，病就是觀照本身，在調整、改變舊有模式與軌跡所變現出來的過程。

很多人面對病痛時用外在方式解決，所處理的都是針對病果，但找不到真正的病因。但是當我們從根本的地方觀照的時候，才能知道病因，才能夠了解這個病相的真正教法，之後它就會獲得真正的解除或至少減輕，這個解除的過程就是整個慧命茁壯的過程，也是解脫的過程。

我們的身、口、意不只是一個器皿或接收器而已，我們的身、口、意等同如來本身的事實存在，所以，它會反應不如來、不如法的狀態，以各種肉身生、老、病、死的經驗與覺受做為即身成佛的重要如來教法，身、口、意的一切存在本身就是如來彰顯的事實，肉

身即是如來。

但是你怎麼去面對生、老、病、死？很多人害怕自己越來越老，越老越不安恐懼，用很多拖延老化的保養養生方法，為了要拖延老化就不斷地發明抗老化的東西。金剛經上講的「無壽者相」，就是不受年紀越來越老的事情困擾，那些年齡的、身形的制約要全部拿掉，拿掉那個「因」。但是現在的人類卻不是這樣，反而利用萬物的資糧，形成抗老的醫學、食品、美容品，發明生產一些我們人類身體或皮膚能使用的一些東西，多到數不完，這些保養的背後就是對地球資糧的掠奪與消耗，你認為這樣子的保養養生與人類的解脫有關嗎？我不是說我們不可以保養，但是不能只是往外求，而更重要的是要能觀照，觀自己多了什麼或少了什麼，找出本因。

病本身就是一種能量，病是有機體，能體察，能衡量，能評估，能妙用本身引動應有的肉身恢復健康的力量。人類因分別心而失去了這樣的信心與能力，所以，病本身是人類進化的密因所在。但先要有轉化承受的能力，才能真正引動無染的自主能量，打破慣性且藉病非病的重大契機，涵養自身蛻變進化的再造之力。

病本身會讓你感到痛，如果它不是能量的話，那它是什麼？所以你如何去理解它？你用什麼樣的初衷與內涵去觀照它？無病者相與無壽者相是一樣的，所有身、口、意的病是內在如來直接在肉身上給我們的提點、課題，要我們去面對與體會，那都是我們過去一切沒有圓滿的部分而在當下進行不同的提點。

病的提點，所提的每一點都是不再重複生病的智慧明點，明白所提的不受制之點，就是打破生死結界的重大關鍵所在。

病即道場，直接的自身道場，不在哪裡，也在哪裡，病反應一切受制的狀況，也提供了在面對病相中如何不再受制的自己是什麼樣的狀況。

病照見了自己非自主的部分，清清楚楚，智者在病中了因果，解因果，同時在因果病中，不落入因果輪迴的慣性之病，所以，智者在病相中莊嚴了自己。

我們要不落入病相，才有辦法出離那個病相的限制，要不然，一定就會一直浮浮沉沉不舒服。所以，我們要茁壯的，就是那個可以不落入病相的我，從中跳脫出來，觀照已經落入病相的那個記憶裡的痛。

如果你有這個不落入的基礎，那麼，你就能體會到**生、老、病、死都是如來在肉身直接的示現、圖騰與教化**，就完全不會以生、老、病、死的表面來看，而直接在這過程中觀自己還有什麼不穩定的，然後放下，之後你的解碼就出來了，你就比較能了義。當你越了義，你就越能轉識成智，因為你**被病相牽動的那個部分就是識性**，但是如果你能超越的話，它就變成是一個智慧的解脫性的觀照，進而離開那個受牽制的經驗值。

識性即病，病因所在，識性知見，識性之行為，都通往病相的方向，智者在病相中，

體察自身識性之輕重。

大智慧之人，以病相改變肉身所落入的分別的風水，入不落入的無分別風水。

以病相之流程，轉識成智，成就病相中所引動的病即教法、病即修法、病即示現之法，令病之本因提點一切辛苦之點，照見一切不再辛苦之答案。

所以，病即如來的轉識成智的良方妙藥。

如來透過病相要我們超越，意思就是說，當我們抓到重點了，改變了，那麼就不會再重複這個課題。所以，**身、口、意都是為了如來志業在做準備的存在，那叫做如來身教，**這是非常重要的一個觀照點，從這點去看待病就會完全不一樣了。

對一切的病我們都感恩感念，如此我們可以知道哪一個部位、哪一個狀態是不圓滿的，哪一種個性是要轉換的，因為它都是如來提點我們深化的過程。當你茁壯、深化到某個程度，在適當時機，那個病相裡面所相應的如來教法自然會顯相，如果該圓滿的，它就會解除這個病相，能減少多少算多少，但也不一定，這不是能強求的。

肉身如來，如來肉身，病本身即是如來在一切經絡輪脈重大的轉換過程，每一個輪脈釋放重大能量，同時把過往累積的負面狀態也一併解除。所以，病是原罪的洗滌，病是如來的恢復，等同等持的無上奧義。

諸病是如來莊嚴我們身、口、意的重大善護妙法，我們應以不思議的本心，納入一切

病相的提點所在，方能真正在病的當下，放下一切生病的慣性，才能讓內在力量、自性法流生生不息地在病相中逐一恢復。

肉身的密藏

問：面對肉身，除了捨棄或不捨棄之外，是否有真正相應於肉身密因的解讀與解碼？

我們要有重大的開啟法義，就是不落入肉身的狀態。

肉身有無窮盡的狀態，但是在人類的修法裡面，有一部分認為要把肉身當作是有問題的去看，然後就用捨掉的方式對待肉身，但因為覺性不夠、了悟不夠，或轉換度、柔軟度不夠，就把這種修法當作是重要的標準，然後以更大的執著落入了修法裡面，不但把肉身當成是有問題的，又不斷在修法當中強化那個有問題的部分，結果不但捨不掉，反而造成更大的衝突與矛盾。

當認為肉身有問題的時候，就會在有問題的狀態裡落入了那個問題，用這種認為肉身是可捨棄的知見，成為修法上所設定的目標，然後再無止盡地觀照肉身中為何可以被捨棄的因與果，以這種方式進行更深的察覺，過度的追蹤與用力，最後造成對肉身的放棄。

事實上，**肉身本身是當下性的、入世性的重要寶藏。**所以當有一些正在轉化的人意識到肉身的密碼不只這樣的時候，他想要嘗試拉回來卻拉不回來，完全受制於「肉身有問題」的修法裡。

今天我們要講的是以假修真，以假修真可以是階段性的，也可以是究竟性的。**以肉身是假，修肉身之真，不離肉身之假，也不棄肉身之假，還原肉身之真。**

如何在假當中還原肉身之真？重點就是在於我們要知苦，知我們在肉身內執著的苦。肉身本身的關鍵是反應出我們在生活當中的每一個執著點，真正的問題其實是出在我們的執著與慣性，只是藉著肉身反應出來而已。我們要觀照反應出來的部分，然後捨去那份執著，**當我們捨去執著時，就會在本因當中證得肉身本身的可貴。**

因此我們不能只停留在肉身的表象上，肉身的珍貴是在於**肉身本身就能反應出我們在無量劫以來的執著點**。如果這是一個事實，如果我們的肉身能夠反應出我們的一切苦厄，那麼肉身怎麼會是能捨棄的狀態呢？若只視肉身為假象，又終將如何修為？若肉身果真存在，又為什麼一切的苦厄能夠透過肉身從生活中真正地反應出實際問題的存在狀態？

所以，當肉身能真實反應出我們無量劫的苦難時，我們真正要了然的是，肉身內藏著的密藏是什麼？肉身本身的存在代表什麼？那表示有一股深遠的力量存在於肉身本身的存在裡面。

當我們把很多執著不斷地釋放、捨掉的時候，肉身就會真正地反應出它深層存在的力量，那時候，就沒有捨棄不捨棄的問題了，也不會產生肉身是真或是假的矛盾、衝突與問題。

如此看來，肉身的層次並不是一個器皿，不是一個反應器，不是只是一個慾望的展現而已。在我們恢復生命的過程當中，它讓整個法流與內在力量能夠充滿在整體肉身的每一個經絡、每一個臨界點裡，在戒定慧當中恢復生命，渡化、轉化掉一切執著與苦厄。在這種情況下，**肉身就是你自性如來的顯相**，那麼，肉身是何等的尊貴。

當你的肉身能了然如來義，藉由苦厄轉識成智，甚至內在也因觀照而放下許多慣性與執著之後，在肉身不斷茁壯的當下，重要的法身力量也會不斷地供養你的如來。到時候，肉身本身的真實性與尊貴性就等同自性如來的存在，不但是真實的存在，無量真實時空的狀態，也可以運作一切，等同如來示現一樣，讓世間一切廣大的苦厄獲得等同的解除與恢復。

當這個密藏與事實成為實際生活當中的行走與佈施，成為人與人之間的真實的時候，那麼，我們就可以確定肉身本身的真實性了，然後再逐漸放掉假象的執著，所恢復出來的真實的如來肉身、中道肉身，當它等同等持的時候，就沒有捨棄不捨棄的問題存在，反而是大圓滿肉身的事實。

真孝順——出離家人共同的慣性

問：如何在孝順的互動中，活出自主的自己？

孝順是什麼？我曾經問過一位朋友：「你準備好了沒有？若你準備好了，你要不要用解脫性的智慧，來供養你家族那多年來解不開的內耗？」

觀察一下我們周遭人的家庭，會發現有些共同的事，每一個家族當中都有一個最重要的人，比如說，兄弟姊妹裡面，總是有那麼一個人承擔比較重的家務事或家業。你可以自己檢視一下，例如說，莫名其妙地家庭裡面重要的事都往你這邊來。這代表什麼？代表你是那個最有可能帶領你家人走上解除之路的人。你知道你是那個最重要的人，但是，你有多少力量？雖然你有無比的孝心，但當你怎麼做都還是做不到時，又非常疲憊，為什麼？怎麼辦？

我們為父母所生，父母無條件養育我們，用他們夫妻兩人共同的資糧，他們要工作賺錢，婚姻當中要磨合，還要互相配合適應雙方家族的習慣，這過程中有很多情緒產生，我們從小就覺受到父母的情緒，在成長的過程裡面，已經承受了不少自己原生家庭的慣性，而一旦結婚了，又有來自夫家婆家、老婆娘家的慣性，有些人甚至要承受整個家族，怎麼辦？這孝順何等艱難？這個累積我們要丟還給父母？丟給我們自己的小孩？還是我們要自己消化轉化掉？

就算你有意識到要消化轉化掉，但在你的運作當中，周遭的人處在覺受的落差裡面，他們還是用他們的慣性來看你，你不但得不到支持，還得要花時間觀照到他們，拉他們一把，否則一旦震盪出來，馬上就會牽動到過去的陰影。若是你的承受力不夠，當累積了一段時間之後，暴衝出來，何來的孝順？何來的解碼解苦？

你如何面對過去的一切包袱？包括面對家人、家族或任何因緣，在面對過程裡，你是遞減慣性或遞增慣性？要能遞減才會有空間去接納新的東西，你的內在力量才會逐漸升起，第一個時間點，用我們恢復的智慧供養給父母，而你的家族也才會因為你準備好而獲得改變的機會，這才是孝順。

所以我才說，「是不是準備好了」是所有的關鍵。什麼是孝順？如果你沒有準備好，終究會落入相對性的軌跡與形式，用世間牽絆與慣性下的理解來運作孝順。不管任何孝順的形式，一旦你落入了慣性，就等於是拿慣性來孝順，那就會變成父母生下了你，還得要承受你的慣性，這樣，何來任何孝順的空間可言？就算再有心要孝順，終究會因為承載而扭曲。

準備好了的重點就是，讓自己與兄弟姐妹共同「出家」——出離自己家庭家族的慣性，出離自己承受父母的慣性，出離自己本身從戀愛結婚而承受對方家庭家族的慣性，這些通通都要觀照。

你準備好了嗎？你是為了什麼樣的尊嚴與價值而準備？自己問問自己，若沒有準備好，是否能繼續在原有的慣性世界存活？若果真沒有準備好，當一切機會來臨時，又終將如何承受與面對？在每一種面對的可能性裡，誰又能知道所要承受的考驗將到什麼樣的程度？當你在面對的時候，會用哪一個自己？慣性的自己？或生命恢復的自己？

所有的準備，不單單只是為了要面對家族而已，而是為了自己此生在此世代最重要的自我改變的戰役，問問自己是否準備好了。你準備好了嗎？

世代傳承絕不是身分、地位、輩份的問題，更不是誰順誰，或誰不順誰的問題，而應是打破家族慣性，解除宗教慣性，無量照見家族無量劫來所有攀緣的慣性。

孝順之道，是家人彼此之間互動當下，互相知苦解苦之道。

孝順之道，不能成為一代接著一代慣性累積的表象之道。

孝順之道，不能變成永遠是輩份低的順從輩份高的，否則，這將失去一切是非對錯，將失去一切生命恢復的機會，將令生命的傳承更不能自主，將會一代比一代僵化，將令一代不如一代。

慣性傳承的家族，沒有任何真正孝順的初衷與本義。在中國，鞏固在大家族背後的一切生死恩義，是數千年來女性生命力從無任何機會恢復的重大障礙，這其中的家庭慣性的固執，限制著每一個家族生命的茁壯，背後只剩無盡的不可勝數的不安恐懼。

家庭家族的孝順假象若不打破，則家族家人將永無再造之機，只有沉淪在慣性之下。而一味要求符合自己慣性的意志，是一種滿足私慾的孝順假象，如此，等同另一種家族中的帝王慣性，只是假藉孝順的名相，成為另一種威權運作的權謀，這是人類永不能再犯的毛病。

孝順之本義，不在彼此之間誰順誰的慣性，這是遞增家族綑綁的錯誤方向。

孝順之本義，是人與人之間知見的公義，它不是以識性做為判別的標準，更不是以家庭輩份的角色做為對錯的標準，而是以知苦解苦的誠意所體會的內涵，做為轉化家庭累積的關鍵所在，此乃真實的孝順真義。

畏因的孝順，是在對應順逆之間，皆能觀自己慣性所在。

畏因的孝順，在震盪之中，解除家人所有的攀緣。

畏因的孝順，不落入表面的關係看待，而以解除彼此的辛苦，做為順逆之間家齊齊家的生活態度。

出離家人共同的慣性，才是真正令彼此過去生的因果解除的機會。

出離家人共同的慣性，確定家人是示現家族共修的佛法僧。

出離家人共同的慣性，家庭即道場，出家即在家，出離家庭慣性，相應共同的一切考驗，彼此互為改變自己的尊貴之人。

我們要愛我們家庭的一切，因為不管家的狀況如何，都是自己生命生存的本家。孝順之道，即是面對父母之道、面對內在如來之道。第一時間，轉識成智，以智慧迴向給父母，在彼此生活的相處歲月中，在父母往生之前，以我們出離父母慣性的自在心念，一一善護助念，善護父母減輕辛苦的思議心念，這是智慧的助念，解除父母的不安恐懼。如此，生活的當下，即是無上孝道法緣的彰顯於生活的每一刻。

孝順是一種解脫，孝順是一種如來性彰顯在家庭中的重大光明，孝順應是生命恢復契機的互動。

家庭中的孝順之道，其深遠處，也是人與人之間的互動之道，孝順是妙法，是體察，是家人彼此之間彼此觀照必然的道場。

家庭之孝道，是無染之道，是無為之道，家人彼此應互相提點，生活觀自在。

孝之本義，不在順與不順，而在於智慧涵養之慈悲，不再有對家族包袱承受之問題，唯有打破家族有染的慣性與僵化的孝道，家人、家庭、家族就能變革為共修、共願、共妙法、共解苦、共解碼的生命夥伴。家人彼此間，生命各自主，不受制於家之慣性；生命互自主，共同轉化家之苦難；生命共自主，共同示現如來本家的世間尊重的家庭生活。

父母的慣性，是我們面對生命恢復最重要的資糧。

父母的慣性，是歷代祖先對我們重大傳承的承接之提點。

父母的慣性，是我們陰陽和合中道不二的等同等持。

父母的慣性，是我們佛父佛母恢復內在神聖的必經途徑。

父母之苦難，等同陰陽之密因，父母為面對之乾坤當下，父母之生死，即我們的生死，父母之所供所養，即一切的一切，皆是我們存在所必然承接的傳承。家庭的問題，亦不是問題，在於我們「覺所」於家庭之本因，是否「覺空」而出離一切，無承受父母之問題，如此觀自在，等同觀父母問題之所在。家庭變革之役，其妙用在自身轉化一切父母慣性於不可說之中，自然改變在生活的關係上，自可意會，此為妙不可言無上傳承，因為自己的改變，而一切自然而然相應而改變。

苦難的落入與假象

問：苦難是假象嗎？如何不被牽動？如何解讀苦難對人類真正的用意？

人為什麼苦？因為人有難處，天下為什麼苦？因為天下有難處。苦處與難處在哪裡？在任何時空、任何場景裡。人們以慣性來彼此對待，就變成了一種苦澀與為難，裡面包含了太多的評估、判斷與思議，因此變成了有苦說不出的狀態。當那累積成一種模式與生活習慣的時候，久了就變成無能為力，就算你有再大的力量，也會被覆蓋住，所以，在那些難處裡面我們可以得知何以苦的本因，苦難只是果而已。當你跳脫不出來，又活不下去的時候，這種苦的心境，不是有沒有錢或有沒有身分、地位的問題，而是自性如來被蓋住了的問題。

任何時空、任何場景，苦難之示現，在於人類提升之願景。

任何時空、任何場景，苦難非苦非難，之所以苦，成就不苦，之所以難，成就不難。

任何時空、任何場景，時空之苦難，天下無不是的苦難，不以思議判別苦難。

當你在意苦難的時候，它就變成真的了，當它解除之後，你就會驚覺到，它是一個重要的假象，為何叫做重要的假象？因為裡面包含了重要的要義，苦難的輕重，都是內在如來變現出來給我們的，所以，當我們說苦難是假象的時候，並不是只是說「它是假的」那樣簡單。重點是要我們回首，無盡的回首，往自身去看，不必往外而落入了自己的苦難，或落入了別人的苦難的評估中而被牽動。你清楚了別人的苦難又如何？如果處在苦難中的那個人不了解，不改變，又沒有覺受的話，你又該怎麼辦？難不成你要一直在那邊罣礙著嗎？可是你若離開了，對方也還是無法改變啊！到時又該怎麼辦？

如來之大力，苦難之對應，人類自打破，源於苦難當下處。

如來之大力，如來以苦難變動變化轉化人類所有的覆蓋之處。

如來之大力，如來之不可思議，不在苦難真假，而在人類如何面對苦難，不落入相對的對應。

苦難之於人類，不在於真假，而在於人類面對苦難如何納入提點，成就自主，如何不

落入苦難，而納入苦難之照見，照見之處，人類自反省之，無有苦難之真假，而在人類面對之真誠。

沒有離不離開的問題，我們要知道如何不用力，要知道自己為何會被牽動，要知道我雖然看的很清楚，但我仍然會不舒服的那個真正的原因，將那個因解除掉之後我才能真正離開那個苦的假象。能夠「離」，才會有「假」的開始，如果離不開，那麼它就是真的，如果離得開，你就會知道：「啊！原來是我自己落入了某一種慣性的因，而我自己本身卻沒觀照到，或者看的不夠清楚。」那個內在的提點、觸動點會一直都在。當我們能出離那個苦的時候，就能夠了然，越是出離，越是了然，就像某一種解扣、解碼、解除。

解苦難，以苦難解人類未解之處。

苦難解之，人類以苦難畏因，畏之以苦，明之以一切難處源於人類自身之行為。

苦難示現，如來示現，解救於自救，人之苦，累積成天地之難。

苦難是天地對人類的提問，應自問於人類自身。

所以說，**遮滅慣性的過程，就是遮滅苦難的過程**，在遮滅你與別人之間的慣性之前，要先遮滅自己的，別人的就交給別人來遮滅。在你越來越能出離那苦，並且了然的時候，你就越能在你的身、口、意當中與生活當中恢復內在自性如來的力量。

當你能夠完全了然的以妙法去運作某些狀態的時候，你就會了解到你所出手的都是自在的，都是不動的，都是會協助別人遮滅慣性的提點，而沒有用不用力的問題了。這是非常不可思議的，這裡面並沒有用思議去想要怎樣怎樣，也沒有相對性的預設。這是在解除相對性的預設之後，恢復不可預設的狀態所運作出來的如來妙法。就如同主親臨一樣，每一個妙法都能觸動對方，讓對方的如來逐漸顯現出來，讓他自己看清楚使他自己陷入苦難的慣性模式，讓他自己去承受，但知道問題出在哪裡，又能夠轉化掉，這樣，人人得以在他的日常生活中成為他自己的主，成為自己的如來。

苦難之無預設，打破人類對所苦所難之預設。

相對的對待，是一切苦難的根源。

預設苦難，將無盡地承受苦難，不預設苦難，將以苦難還原自主。

無法判別的苦難，以變動之提升，供養苦難之提點。

無法思議的苦難，以不思議之提升，了然苦難之了義。

天地的意志，天地之意願，清明人類之生死生滅，天地以苦難反應人類應反省的介面，人類無盡禮敬天地，應以人類自身歷代變革之涵養，相應回應天地之意志，等同等持，覺一切有情於天地，令萬物自主於其萬有之存在。

然後，你就會了解到原來**苦難是你的內在如來在提點你的方式，提醒你知道你與如來還有多少距離**，這樣就不是真或假那樣的簡單了。在你有了中道心、平等心之後才能領會到，所有的苦難都是超越真或假的狀態，那是如來提點你的肉身與如來之間還有多少距離的重大示現，那不只是苦難而已，在**苦難的背後其實就是如來的密藏**，是等同等持存在的。智者以解脫智去看，所有的狀態在**轉識成智的那一刻，識性即成了智慧**，當下即是，不必有任何的轉換過程。

苦難之親臨，人類轉化之流程。

苦難無量之狀態，在於化掉人類所有之累積。

而地球上的苦難是主賜予蒼生洗刷原罪的恩寵，我們要得平安，必須在地球把過去生不圓滿的部分，以苦難的形式反應出來，才能洗刷原罪。所以，地球此刻是主的親臨，主的國度，主所恩賜的一切，經過苦難淬鍊，得以生命恢復的終極國度。

苦難有其慈悲之義，在於人能不能夠觀自在，以苦難處，生自性無染之蓮花，苦難檢視人類之智，於一切處震盪之，照見而不可說，覺明而自了義。

苦難即如來，苦難即一切生命變動必然之事實，平一切生命之難處，了一切生命之累積。

苦難當下，化解無量，解除無盡。

苦難乃正法之妙用，吾等應以等同之心納之，自身受教，莊嚴天下，以此之無上初衷本義，禮敬苦難之示現，迴向於自主之空性，令無邊無量生命自性莊嚴，生活自在自主。

眾生在責怪這個世界有這麼多苦難之前，還是先得從自身下手，先要觀自在——觀自己問題之所在，這樣，真正的世間尊重的世界才會降臨到地球，來到每一個人的日常生活當中，因為它來自人與人之間選擇了什麼樣的智慧去對待，或是你仍想選擇以慣性去對待他人呢？

苦難之密，之所以苦，在於人心之層次，人心之變動，苦之情執之深重，解苦之難，在於人身之難，思議之難，取捨之間，苦難面對之。

苦難之用意，妙用於人世之打破，一切震盪，無量法緣，苦難非苦難，苦難示現，之於人，苦難之真之假，不在真不在假。

人之照見，苦難示之，人之還原，苦難共振之。

人生命之於苦難之對應，相應於人生活本身一念當下的辛苦與否，苦難之因，苦難之義，等同人存在自身觀之因、觀之義。

智者了義苦難，苦難是空性，了然之當下，苦難慈悲了人類所有累積的落入。

主以苦難之形式，打破人類無盡之模式。

主以苦難親臨，人類以苦難親自面臨自身的面對。

主以苦難洗刷無量之原罪。

主以苦難之不可思議，令萬民的世代在面對苦難的變動中，同時轉化一切世代文明的

傳承，令世代的意志，走上全面性的自主之路。

夢非夢

問：我們如何看待夢？人生是一場夢嗎？如何從夢中覺醒？

夢是開啟，夢是照見，夢是通路，夢是如來，夢是對應裡面的覺受。

夢非夢，夢轉化一切，夢當下夢，夢觀照夢。夢裡一切的覺受，夢境裡所有的人、事、物，都等同內在如來對夢者的一種提點，都是夢者在「見諸相」階段的分身，更是「非相」時要如何轉化的重要內涵，更是如來所示現出來的密碼，夢境裡所有一切的人、事、物都是當事者在無量次第裡變現出來的等同等持的分身與內涵，但如何觀照夢將是重要的關鍵所在。

觀夢，觀本夢，觀無量夢，觀當下夢，觀慣性夢，觀中道夢，觀夢境所要回應於當事者如何在覺受當中獲得恢復的重要提點與內涵。所有夢的內容，重點都是以夢者的回歸與生命恢復為主要的契機與提點，這是夢的密因，是人類目前不知道的。

一切夢，夢一切，誰在夢，夢見誰，夢是觀，觀是夢，夢觀當下，夢觀一切，一切夢自觀，所有的苦難皆是夢的圓成。

一切生命在無量宇宙的存在過程就是一種觀照的夢境，共同天下的每一個生靈共同的夢，每一個生命的轉換過程，都是從這一場夢轉換到另一場夢，在夢裡面的世界有無窮無盡的不圓滿，這個夢裡面有無量的碎片，那是夢碎之處，碎於無量無盡的痛苦。在夢裡的漂流，所等待的是什麼樣子的轉換？什麼樣的道場？什麼樣的與之共振的無盡的碎片？

沒有不可能的夢，一切境一切夢，一切情一切夢。

夢無預設，夢是生命，夢是覺的等同的通路。

不落入一切夢，夢自不落入。

生死轉化，生是夢，死是夢，夢中生死，夢中轉化。

夢是碎片，碎片是夢，在每一個可能性裡面，有太多不可能的狀態，在所有的預設裡面，都是夢的預設，預設的夢，思議的夢。生命的無盡處，充滿著無盡滄桑的悲涼，悲之夢，夢之悲。

夢非夢，夢一切，在每一個道場、每一個宇宙、每一個生命形式、每一個活生生的經驗當中，當這之中的每一個契機、每一個身、口、意都無法圓滿的時候，只能夠透過生死的轉換過程——夢醒，而後到另外一個世界夢的開始，而有另一個圓滿的可能性。

夢是教法，夢是法，一切夢一教法。

夢是自身的自我教育，自我收圓。

夢是有形，是無形，夢中無形的生命對應有形的自己。

夢是靈魂體透過夢境對自己生命的對應提點。

夢在前世，在今生，在當下，現在的夢俱足一切。

無盡的輪迴就是無盡的夢，夢裡面的期待、夢裡面的訴求與想念，所念念不忘的就是期盼不管是有覺未覺、任何層次、任何生命形式，能夠有機會解除一切，有機會成就某一種無上的法緣。

夢是修法，夢是宗教，夢是對如來無邊無量的思念，所有的夢都企求如來的恢復，所有的意念都企求透過夢境能夠親證如來的親臨，所有無盡的道場，無量宇宙的夢想，都在引領每一個夢碎的生命，在夢中發現自己可能的機會，成就自己夢中的法緣，引領自己回歸到自性如來。

夢之輪迴，輪迴夢之，夢中之夢，以夢修覺醒。

夢中修法，修正夢中之苦難，夢中照見，一切夢，一切修法。

夢中的一切人、事、物，都是自己另一種的呈現。

夢者應在夢中放下慣性。

夢中之情境，夢境中覺有情。

夢非夢，夢成就自己在夢裡面的一切期待，夢裡面容納了一切無盡可能的原罪，讓所有的慣性之罪在夢中能夠起自我的觀照。夢是神通，夢是無盡納入當下的事實，苦難透過夢境解除，苦難是夢，生死是夢，生一切夢的法緣機會，滅一切沉淪在慣性的輪迴。

中道之夢，提點一切蒼茫眾生的不可能之處，讓一切的可能成為在夢中起動的變革，在夢的運作當中，成就自己解碼的開啟。

夢是妙法，夢是如來，夢是一切，夢中之夢，道盡一切生命自身深遠無盡無上的訴求，所以，當下是夢，天下是夢，宇宙是夢，無窮盡是夢，無邊無量是夢，夢的當下，生命的轉化，無邊無量的契機。

夢中夢，夢中人，夢中的覺醒，覺一切處在夢中，夢中的無為，夢中的無我，夢中的心意，就是在善護如來的恢復，成就自己的主。

生活是夢，生活當下，夢中當下。

夢中無量之生命，等同夢中自己對應無量。

夢中通達，通路行法，行於夢，夢中達一切層次一切境界。

夢是靈魂，是宇宙，宇宙之夢，究竟夢之。

夢中無我，無為夢之。

夢非夢，夢是空性，心性一切，如夢如來之夢。

生活是夢，生存是夢，每一個生命存在存有的轉換也是夢，識性是夢，不圓滿是夢，智者在寂靜的夢裡滅掉一切的慣性，滅掉一切的不清楚，滅掉一切的不圓滿，夢就是另外一種存在的真實，另外一種如來的顯相，它是一種奧義的圖騰。

夢中的圖騰、夢中的每一個人、事、物、夢中的每一個察覺，都充滿著通往圓滿的可能性，**夢就是生命恢復重要的通路**，夢本身就是自身的存在，夢等同於肉身存在的事實，等同等持於一切不可思議之存在。

夢是圖騰，圖騰之義，夢中了然。

夢是心念，念念皆夢，念中有夢，夢中有念。

夢中夢，夢引領眾生入如來之夢。

眾生以夢見如來。

不可思議之夢，夢一切不可思議，在夢中解除一切思議的苦難、思議的心念，夢覺一切諸有情之存在。莊嚴生命的夢，莊嚴如來世尊的夢，夢是世尊，夢是中道，中道之夢讓無量的生命在夢中覺一切自身尚未圓滿之處，所以，夢是納入，夢就是生命如來自主顯相的終極之夢。

思議是夢，以不思議夢中解除之。

夢是苦難，難處中夢一切自身之苦。

夢是藥，是療效，夢中是自我調整的節奏。

夢是生命，以莊嚴夢之。

夢不在於美夢或噩夢，說美夢是判別，說噩夢也是判別，美夢是一種法執、一種情執、一種期待，噩夢是一種不安恐懼的延伸，美夢噩夢都是一種往外的慣性下的理解。夢不在好，夢不在壞，夢本身就是自己對自己的訴求——解除苦難的一個心意，夢是對自己存在的一種變現。

夢中無判別，放下判別於一切夢中。

夢是一切不安恐懼的反應，夢解一切，一切不安在夢中大安。

夢是觀自在，觀夢見問題所在，夢自觀，觀於夢，夢中見自性。

夢是妙用，夢之妙，用於夢，無染之夢，夢之不二。

人類對夢醒的理解是識性的，慣性下理解的夢醒跟覺醒沒有任何關係，在夢中所要解讀的一切，人以慣性去覆蓋它，在夢中落入其中的一切情境，夢醒之後又落入一切慣性的解讀。

當生命對於自身深層的不圓滿想要訴求一種可能性的時候，試圖透過夢境的清晰來轉識成智，給自己一種可能帶動的改變與自我革命，然而，人類因為慣性的覆蓋，在夢中的過程與夢後的反省，無法清明清楚而失去了緣起性空的法緣，人類忽視夢境，也忽略了一生當中所有相應的可能通路，人類在恢復的過程裡面，因夢境的忽略與記憶的流失，一生當中失去的重大法緣與內涵是不可思議的。

夢是因，畏因之夢以夢戒之。

夢是果，善果、惡果皆是夢，無分別之夢。

夢是反省，夢之前後，自我革命。

夢是迴向，迴向夢中一切無量存在。

夢是通路，夢是正法，夢是當下收圓的重大契機，一個大智慧的人，在夢的覺受裡，可以覺一切無量過去的有形、無形的通路，一個夢境的訊息可以到無邊無量的宇宙，也可以同時納入過往時空裡面與一切生命共振的不圓滿處，而又同時收圓於當下，放下此刻夢中的自己，與夢醒後的自己。

夢是時空，時間之夢，空間之夢，夢之一切時空存有之奧義。

夢是訊息，訊息之了義，夢中察覺。

夢是納入，納入之深，以夢深化之。

人人行為之中，皆是夢中的行為，於夢中觀照，於夢中覺醒。

人是夢，夢是人，夢是事件，夢中知苦，夢中了然一切狀態。

空性之夢，自性之夢，夢一切空性，夢一切自性，夢一切無量世界的不圓滿，夢是無上的通路，智者在夢的當下不落入夢中的一切，不限制夢的一切，因為夢就是智慧的本身。

主親臨於夢中，引領無量眾生靈魂深處無法面對的課題與無盡不圓滿的狀態，主將以夢的妙法，深入一切靈魂體在肉身夢中相應的狀態，解除一切的苦厄。

共同的夢，夢之共不同，無盡之夢，夢中無量之愛，夢是初衷本心，夢的深處，如來的照見，主的親臨。

夢中見主，夢是行路，夢洗刷原罪。

夢中所有的內涵，皆是提點，皆是轉識成智。

以夢解除慣性，以夢解碼一切。

夢中問，夢中答，醒於夢，夢中覺，夢當下是如來示現的清明教法。

所以，夢是主，主以夢親臨無量生命、無量世界，主在夢中顯現主的如來妙法，眾生在夢裡面的一切碎片，等同眾生在實際夢醒之後的一切碎片，主終將親臨，在夢中主親臨，非夢中主親臨，在夢中與非夢中所有不圓滿的轉換，都等同於主親臨。

主是夢，夢是無量世界的另一種存在，主在夢中收圓碎片，在夢中圓無量眾生。

主是空性，以夢示現一切不可思議之夢，夢之當下，主早已臨在眾生的夢中。

主在夢中收圓無量生命夢中的碎片，等同於主的親臨，這是主在夢中親臨的不可思議的事實，主莊嚴一切夢，主圓滿一切夢，眾生在夢中的一切不圓滿處都是主以夢的無上妙法親臨的等同等持的無上主之正法。

主之承諾，承諾無量眾生必將於夢的輪迴中清醒、清明、清楚、清淨，主之善護，令無量生命在夢中的一切不圓滿莊嚴而圓滿，令眾生全面性地於夢中覺醒，不落入一切夢的時空，於夢中覺醒，恢復不可思議的生命自主，於所有的存在中，以自性之如來，圓滿在覺醒的生活中，自主的存在著。

第三節 靈魂

回家，來去的問題

問：如何理解靈魂的回家或揚升？

無量世界有無量的次元，就像現在的宇宙，因為宇宙已經累積了這麼重的執著，所以才有無邊無量的宇宙讓生命有一個安頓修法的狀態。

無量世界，無量次元，有無量來來去去回家的路。

無量世界之密因，是面對一切世界所有衡量回家來來去去的問題，全部獲得全面性無所住的妙答。

無所住於無量世界，無量世界只是面對生命階段性的道場，不等同於根本回家之路。

無量世界有成住壞空的問題，是一時的家鄉，不是根本的家鄉。

因為有不同層次的慣性，才有不同層次的無量世界。

屬於某個層次的慣性問題，面對生命獲得根本的解除，那個層次的世界道場也會跟著

結束，所以不應理解成這是回家的路。

如果因為這樣就把這種安頓的狀態當成了回家的路，那真是阿彌陀佛啊（笑），現在的人類竟把一切面對生命最後的機會當成是為了等待一個回家的路，生命苦難的解除，才是唯一回家的路吧！

唯一回家的路，在解除慣性之後，自然顯現的路。

唯一回家的路，不是在無量世界，而是在無量世界當下面對自己是否能放下慣性之狀態，才是決定能不能回家的路。

唯一回家的路，就是回到無量的家、無量的世界，來來去去都不是問題的生命狀態，所以，唯一回家的路是在於，是否生命能恢復自主，才是真正回到如來本家真正唯一的路，而生命只是藉不同次元的世界，逐一的恢復自身生命的如來、生命的完整。

回家，不是回到哪裡，要去哪裡的問題，而是在來去之中，尚不完整的狀況要反應出來，沒有來來去去的問題，就沒有回不回家的問題，所以，重點在於生命要解除慣性的苦難，而不是落入回哪一個家的執著，放下一切回家的路，生命的自性光明自然在無量的世界、無量的家，不可思議地照耀著。

當我們的生命完全自在的時候，無量世界沒有不能去的地方。

通靈與萬靈歸位

問：現在有許多天使或高級靈透過人類通靈，請問為何？宇宙萬靈來地球上與人類溝通互動，其用意是什麼？也請談談對通靈的看法。

接受訊息是一個通路，並不代表沒有雜訊與慣性，但是在一個大智慧的狀態，就會有不同的對待，比如說，現在科技發達，如果人修行到最後，只變成一個接收訊息的器皿，那我們就只是衛星或接收器而已，但是我們只能這樣的嗎？現在很多人都變成了這樣，在比較哪一個接收器效能比較好，有的人會覺得效能越好的，就好像越能代表什麼，但是人不只是這樣而已。

你認為成為一個接收器與生命有什麼關係呢？如果只停留在這個層次，又不知道自己的層次，然後又將它擴大的話，那他所有的追隨者就都通通變成了接收器了，你要到達怎樣的修為才能確定你接收的是來自天使或高級靈或魔鬼的訊息？這個確認本身是不是又是另外一個設限與邊角？

無量的通靈系統，不等同於究竟的系統。

無量的通靈系統，以地球做為轉化進化最後的根據地。

無量的通靈系統，通靈尚屬外在之法，所有的靈，在星球與人類肉身的合作，也是為了靈體本身整體的進化與轉化。

無量的通靈系統，是無量宇宙等同存在的生命，一切以地球做為進化的總目標。

所以，我一開始就說，不預設任何來的訊息，不管天使或魔鬼或高級靈或是主，或是一般普通的人，任何眾生，我通通不預設。我們畏的因是，在接收的時候，我們本身的心是帶著怎樣的心在接收什麼？是不是有分別的心？重點是，當訊息進來的時候，這個訊息本身要我們調整什麼？如果沒有察覺到這一點的話，傳達訊息的人，謙卑一點的就會說我只是一個器皿，但如果慣性強的，就可能變成說我就是天使，意識形態不就越來越擴大？萬一慣性又擴得更大，在解讀天使訊息有落差的時候，不就變成了你自以為是的話成了天使的話？這是一個很大的危機。

通靈其要義是，一切的靈魂體在宇宙的存在流程中累積的都要等同於人類的進化與解除，因為，只有人類在地球的空性磁場上以人類肉身特殊的架構，在覺一切無量有形無形的當下，等同等持與無量靈魂體生命共震盪，共進化，共了義，共恢復，這才是人類與無量靈魂體應有的共願所在。

靈魂體的意願在通達人類存在的本義。

人類無量的心念，等同通達靈魂體本身對靈魂深處最根本的訴求。

靈魂體無所不在，靈魂體的密藏也是人類生命深處的如來密藏。靈魂體在無量進化的最後，其整體最根本的進化，已確定在主親臨的國度，就是地球。無量靈魂體存在的任務，就是為了今天形成在地球具有肉身又有靈魂又俱足覺性的人類的生命，這是宇宙的祕密，也是主親臨回應的密碼。

無量的靈魂，無盡的生靈，無不是主在宇宙中的萬民，應以等同生命的自主，給予善護與守護。

所有人在幫天使或高級靈傳達出的訊息，都難免有落差，但這只是一個過程，是必然的。地球現在是一個重要的根本之地，轉化之地，最後之地，有些高級靈轉成肉身來到這裡，而無形的高級靈來當他們的守護神，只是在地球上有些人稱這些無形的生命為天使而已，耶穌也只是其中之一的高級靈，但在這個時代是開大門的，為什麼會有這麼多地球之外的生命與無形要來參與這場盛會，這才是關鍵。

萬靈的回歸，將解碼無盡的生命訊息，萬民在回歸的流程中，將傳達無盡主親臨的覺受與密碼，萬靈中的高級層次，已有肉身示現在人類的世界中，將成就萬靈的恢復，也守護人類共同參與分享主終極親臨的那一刻，納入主親自宣達的生命自主之路的內涵，此生命如何自主的內涵，將供養無盡萬靈的共願，萬靈歸位定位，入主終極宇宙的磁場，成永生的萬靈，永恆的存在。

萬靈的通達，是為了自主的究竟，是過程也是善果，天使是萬靈中的主的代表，是萬靈的代表與守護者，守護著萬靈進化的各種層次流程，也對應人類與萬靈之間的一切通路，也守候主親臨的準備，一切的一切，都必將在二〇一二年前後做好主親臨的準備，這是萬靈與天使在無盡的努力下，必得主無上的眷顧，回歸主的懷抱，共同親臨主的國度。

人類的心態與天使的眼淚

問：請問人類對天使的心態，是否延誤了天使回歸主的國度？人類應如何理解天使對人類的護持，才是相應的？

你問這個問題時，流著眼淚。這幾個月，你所流的眼淚都是為了什麼？你與家人。但為什麼在靠近入世時機的時候，卻為了別人而掉淚？你為誰流的眼淚？

我知道答案，那不只是天使的眼淚，那是基督的眼淚，主的眼淚。

突然之間你所迸出來的這個問題，你用了很可怕的字眼，但是你沒注意到——心態，是的，在那慣性的心態裡面，現在會延誤到自己的回歸，延誤自己就算了，但將來卻會延誤到江山啊！以慣性的心態運作天使的事情，必然會理解錯誤了訊息，延宕天使夥伴回歸的路。所以我才說「以慣性的心態」是可怕的。

天使在西方、在東方、在地球的每一個地方，為主的親臨做佈局。天使佈局相應的肉身，傳達主親臨正確的訊息，這一切皆為了不延宕回歸的路，這是天使的使命。

對天使有著錯誤理解的人，若有著重大的影響力，那些有需要經過他而回歸的天使系統的人，通通都會被延誤，因為這裡面牽扯到許多層次。雖然這些人不是他的眷屬，但是因為有過去生的法緣要了，要互相成就，所以他們的回歸之路也會互相影響，那裡面包括要回歸的某一些高級層次的看不到的力量，其影響之深，是人類所無法想像的。

回歸主的路，回歸平安之路，洗滌原罪之路。

回歸主的路，解除一切層次不了義的解讀，回歸萬靈自主的路。

生命的延宕，萬靈回歸的拖延，都是天使眼淚的悲傷，回歸主的路，一路上都必須把眷屬的延宕給收圓，把生命延宕所影響的一切全部納入主的懷抱。

天使守護萬靈的提升，天使守護主國度的一切。

天使的生命等同主存在的意志。

天使在苦難中守候著天堂，天使的國界，一切都是天國子民生命面對的臨界點。

主是根本，天使是主的妙法。

主國度的萬靈、主國度的萬民，都是主曾經親臨的見證，都是主在一切國度行走解除

苦難的點點滴滴。

天使的眼淚，是主對無量世界萬民承受苦難的不忍情懷。

主對萬民的情義，在天堂，在苦難的當下，主的意志讓萬民在一切罪的救贖中，成他自己生命的主，這是正法救世主的深遠情懷。

主解萬民之苦於一念之間，一切萬民無量的苦難也在一念間轉眼成雲煙。

主之親臨，萬民原罪當下無罪，一切罪皆成生命恢復自主的一切資糧。

西方有多少開疆闢土是由天使力量形成的？主的國度開了，誰要守護？不是天使嗎？不管大天使或什麼天使，有多少力量是以天使的名義下來的？能延誤嗎？天使的名義，主的恩義，西方的天使妙用，此一世代，天使的使命將遍及整個地球，容不得任何絲毫的延宕。**主的親臨，開萬民成自主的國度，天使自當操盤主對一切萬民萬靈的恩寵，令主的公義成萬民生活的正義。**

所以，有些人不是偏向卑微的侍奉天使，就是自以為自大的代表天使，跟相應不相應毫無關係，這才是問題所在，跟能不能面對自己，解除苦難沒有任何關係。

不要把天使的運作變成慣性術法的彰顯，而不自知。

不要拿天使當藉口，而傳達自己的識性。

不要把自身的不安恐懼全部覆蓋在天使的羽翼下，而理所當然。

相應於天使，是令自己成自己的主，跟天使與人類之間的層次高低沒有任何的關係，也不是這樣去理解天使的。

天使對人類的善意與善護，也是為了打破層次高低的分別，才能自主於無分別，才能確定主親臨存在的根本奧義。

天使的眼淚，是基督的眼淚，主的眼淚。天使之天命，天使之回歸，其密因在於羔羊回歸主的懷抱。

天使回歸的節奏代表聖靈回歸的時空，代表主顯相的時間。

天使不管有沒有肉身，都不能拖延任何苦難回歸的路。

天使非天使，天使的變現是主萬有萬教招引的延伸，容不得任何的拖延。

人不能只是天使的器皿。

人不能只是天使的工具。

人不能只是天使的通路。

人必然的等同天使的存在。

人的覺不是用來侍奉天使的。

人不應以慣性來理解天使的厚愛。

人的對應是在天使的引領下，恢復成自己生命的主。

人成自己的主，是救世主恩寵所有天使的本願，令世界在天使的運作下，再造萬靈的本義。

萬靈的深遠涵義，在起萬有聖靈的恢復。

萬靈成聖靈，聖靈成主靈，無不是天使應有的責任。

萬靈不可說，萬靈非萬靈，萬靈之存在，皆主在虛空中示現的圖騰。

天使要成自己聖的天使，要成自己主的天使。

天使在宇宙必為主的親臨，做一切相應的準備。

天使在人間，為人間的福音做為相應於人民是否能自主的一切適宜的準備。

主的親臨，萬靈成聖賢，天使回歸主的存在，而萬民永不再有原罪的問題。

前世今生

問：如何真正地面對前世今生？

何謂前世今生？前世之前是什麼？前世是怎樣的對應？是催眠時的、是夢中的，還是某種撞擊之後的覺受？是內在力量給你的、是外力侵擾本體靈魂的，還是護法引領的覺受？是境界沉淪的、還是境界提升的覺受？誰能告訴誰真正的密碼在哪裡？前世的前世，無量的過去，怎麼去追蹤？還是落入更大的思議而干擾了今生當下生活平台的穩定度？

今生是什麼？今生之後的未來，後世的我又會是誰？如果因為對今生的失望或因為過去生干擾到今生的某種失落所造成對未來的設限、預設，或評估，未來世又將會是如何？如果今生當下的每一個行為都不能解除過去或前世的一切負面干擾的話，請問今生的意義又在哪裡？如果今生的當下都受制於過去生一切干擾的話，如何正視現在當下存在的你？

如果我們透過某個通靈者、靈視者或催眠師而有了有關於前世的一些覺受，便把它當作是真理或自我理解的狀態，那麼，請問這樣神通、靈視或催眠的作用點在哪？我們在活著的真實世界已經夠苦了、思議過多了，再拿這種思議的知見去理解過去的一切，把當下更重的思議運作在過去生的某一些圖騰、境界、現象與事件，是不是會造成更大的不安恐懼或錯誤的解讀，反而干擾到今生的自己？

如果當下不能解除過去的干擾，而讓今生每一個當下的心念、行為在互動的時候，都受制於過往的干擾，那麼，也等於決定了未來的一切將受制於過去，請問，你如何能期待未來呢？

所以重點就是**當來下生**，當下的你放下的時候，你過去的包袱也會跟著減少，在當下放下過去的一切時，未來就不可限量。

你必須要有放下的基礎和非常清楚的知見，當你的能量、視野透過神通、靈視或催眠打破時空，回復到過去生的狀態的時候，必須進入真正的中道正法的觀照。觀照過去生的自己，觀照出當初的慣性，包括角色的慣性與對待一切人、事、物的慣性通通都要放下。放下一切過往的慣性，這是唯一的標準，唯一的機會。

如果因為某種需求必須開往過去生，我們就必須有一個清楚的態度，在那裡面的我，不管真我或假我，都是在引領我們把過去的辛苦在當下透過觀照與放下，將過往我們用傷神的對待所造成的不圓滿通通解除掉。

但換個角度來講，需要這麼辛苦嗎？花錢花時間找別人來幫你看你的前世是什麼人，現在的我都是過去累積的我啊！如果我們能在當下放掉，就等同放掉過去，你需要再遞增更多層次的某種頻率，繼續繞更多的過程嗎？當下能解除的不解除，然後還繞一個大圓圈，何必呢？

當下能解除的就代表過去無量的解除，這一點確定的話，那麼，一切就交給內在如來在肉身的每一個進行的當下吧！

不斷放下的當下就開展了未來一切無限的可能性，到哪裡都不是問題。你當下受制的，一定也都是過去受制的，你現在解開的，一定也會對過去解開，然後對未來開更大的可能性、通路和無量自在的大門，來來去去都不是問題。

所以，中道正法很重要的一句話就是，不落入現在、過去、未來。

靈魂不是究竟

問：現在人類對靈魂的理解層次有完全相應靈魂世界存在的實際狀況嗎？還是還有其他的靈魂層次的內涵是目前人類不熟悉的？到底真正靈魂存在的密因是什麼？

人類目前有一個很大的課題，是對於靈魂體的運作與了然度開始進入了一個多層次、多角度、多方辨證的狀態。

我們也可以很確定的一件事就是，人類最大的困境是在於肉身在無量世界當下的執著非常之重。

因為在自性的變現當中，深知人類本身執著之重，所以在通往整個自性恢復的無盡深遠的過程當中，中間再變現一個等同於人類存在的靈魂體，讓人在滅掉肉身的當下，所有殘存的不圓滿的狀態，都還可以留存在靈魂體的基本盤上。也可以說，靈魂體有某一種生命等同的事實，目的是讓人還有一個靈魂體可以去變現，不會在肉身結束後一下子就完全消失無蹤。

因為當人的執著太重時，若是一下子就完全進入一個空性的狀態，或者完全沒有任何形式的憑藉的話，會產生非常深的不安，那種不安感會盈滿在另外一個世界，而那個世界是沒有像人類時空的設計狀態與限制的。在這種情況下，他一方面沒有辦法在肉身的經驗值裡放掉那麼重的執著點，另一方面又無法馬上還原到自性圓滿的狀態。所以，自性就變現出一個靈魂體來引領生命進入深刻的狀態。

在靈魂體的設計裡面，可以含括各種層次的不圓滿在靈魂存在的經驗值裡，所以靈魂體可以藉著運作到無量世界的不同領域裡，變現出各種不同的無量的生命形態，進行消磁，也就是進行更精密或更迫切需要的方式來遞減已累積的慣性與不圓滿。而這樣的消磁過程，也代表著逐漸通往自性更深遠的存有狀態。另一方面就是把靈魂體存在的不圓滿，不管份量有多重，在記憶當中不斷地遞減累積。

所以，靈魂體的重點是在引領生命，它是自性變現出來要引領生命回歸的一個重大階段性的示現方式，有著近乎人的狀態。它可以做一種記憶性的操盤，無論是有肉身或非肉身的生命體，到了生命重新再來的時候，透過靈魂裡記憶的追蹤、回顧與沉澱，做記憶性的消磁。那麼，如果靈魂體的覆蓋性沒那麼重或者說是有某種功德的時候，就會顯現在他重新再來的生命當中，也就是說透過輪迴到某些狀態下，進行一些互補或互相觀照的解除、遞減累積。但是如果重新再來的生命體智慧不夠，就有可能會變成另外一種不安恐懼，當他們到了另一種不同的生命形式時，有些靈魂會切入某些行為，反而造了更大的業障。

同時，當某一個肉身在進行轉換的時候，不管是沉淪或提升，都會牽動到很多無量劫的有形的、無形的很多眷屬，無形的部分，當然就包括靈魂體。

各個不同的宗教對靈魂體有各種不同的解讀與互動的一些經驗，和這方面的傳承，但是，靈魂體對人類來講還是一個有著非常多未知的世界。無論如何，**靈魂絕對不是究竟，不是肉身結束之後的最後，它是自性在另外的時空裡面變現出來，引領人類的一種示現。**

有一部分的靈魂體會再來投胎，有一部分則選擇留在那個時空，而在那個時空產生一種集體意識的狀態，成為另外一個存在的世界。他們的用意是要來觀照、佈局整個人類世界，引領各種不同生命形態之間的互動，或者在當有重大世代的轉換來臨時，他們會來護持。這是非常多層次的。他們會成為一個靈魂的集團，這是很自然的事。

靈魂體可以變成是某一種教法上的高級生命體，如我們常聽到的指導靈、高級靈，在教法上，在內涵上，在解除慣性上，引導過去曾有過交集的各個生命層次的眷屬，或是提醒我們已經在不知不覺中逐漸遞增的慣性與苦難。

靈魂體的變現一方面如同之前所講的那些作用，另一方面，**當生命要進化到更高層次的時候，也會透過靈魂體走上他自主的路，當他百分之百全面性的恢復時，靈魂體自然就會消失。**靈魂體雖然是一種類似人的某種依恃，但是，**當人超越了所有生命形式的階段之後，靈魂體是不必存在的，光體也是一樣，氣場也是一樣，靈動也是一樣，都不必存在。**

所有虛空界、無形界存在的任何生命形態，所有存在的人、非人、非非人，以及無盡的生命形態都有可能進行百分之百的恢復，不只是靈魂體，這點是非常確定的事情。

靈魂體可以運作重新再來的機會，也可以運作在通往生命圓滿最深處的那個方向，這個過程等同於以肉身形式進行，都是通往最深最圓滿的路上。無論從肉身解除，或從其他的無量生命形態解除，最後都是要進入最深遠的那個部分——諸佛的世界裡，到那時候，**靈魂體可以完全消失，也可以不消失，不論哪種選擇都很自在，因為靈魂體是佛性的妙用**，或者說是一種引領、重大的佈局、藍圖與示現的圖騰。

有些靈魂體是需要修行的，因為他們還有殘存的苦難記憶，好比說我們所講的孤魂野鬼，他們仍有很重的累積狀態，也會流離失所，本身的能量各方面來講都還是不完整的。有一些靈魂在有肉身的時候，做了很好的功德，所以當肉身結束之後，他的層次就變得很高，可以從原來的世界進入靈魂世界去善護那些比較不成熟的靈魂部分，或者他也可以乘願再來，佈局與善護他當初不圓滿的地方，或協助提升還在等候他的一些生命。所以，這裡面是有無盡層次的多元性。

但是在自性變現的密佈局裡面，某些靈魂體是不投胎的，或很少投胎，不是如我們想像的那樣因為投胎轉世而後回歸的靈魂，而是來自於佛性變現出來的重大力量，他們有著更高層次的設計在內，目的就是要鞏固靈魂體整個的運作與穩定度，操盤整體無限通路中的某些運作機制，或引領某些靈魂解除記憶當中的苦難。有各種不同的變現，在東西方有不同的示現，比如說，自性變現的靈魂體裡面有一些所謂的金剛護法、天使、大師……。有一些靈魂體會因為某一部分區塊的生命要提升，因緣到的時候，高層次的靈魂體會變現成為大師來到那個區塊引領眾生。

但是，**這一切最終仍要回歸到諸佛的世界，無論是人類或天使、大師等高級靈，或無量的有形、無形的生命。**

當你的層次到了諸佛的境界之後，就能夠確定諸佛之後存在的無上密的世界，但是如果說你轉化到了某一個階段，雖然還未成佛，還沒有完全恢復到諸佛的境界，但是也趨近的時候，也許不是百分之百確定，但你還是可以等同覺受到諸佛之後的密世界。

所以，靈魂絕對不是究竟，但它是不可思議的妙用，也是生命通往遞減痛苦的重大引領，有無盡不同系統的靈魂體，這是確定的事。靈魂體本身也是通往生命恢復、回歸諸佛世界的一個根本階段。

靈魂伴侶與雙修

問：西方世界常講的靈魂伴侶與雙生火焰，如何看待？

在最深的生命觀照裡面，靈魂本身是不究竟的。如果確定要讓一切生命就以當世的肉身成為他自己內在的主，這是何等重大關鍵的過程，終究必須得解除一切不究竟的狀態，那麼，這也表示，靈魂也要面臨全面性的解除。

我所謂的解除靈魂並不是指靈魂在或不在的問題，而是指所有以非靈魂來理解靈魂運作的狀態全部都要明朗化，這代表要打破人類以往解讀靈魂的慣性。不管任何世代或在任何族群、文化、宗教、信仰裡，對於有關靈魂所有的運作、理解、認知、對待，所有不相應或不究竟的部分全部要解除掉。人類要全面了然靈魂運作的重大根本密藏。

靈魂伴侶、雙生火焰只是人類對靈魂世界的一小部分理解，它以人類對特殊關係、兩性關係，或血緣關係的期待來理解靈魂夥伴，又加上很多在東西方能通靈的肉身對靈魂伴侶有不一樣的覺受與解讀，這樣是沒有辦法完全對靈魂世界了然的。而不管是以廣義、深義、狹義，或任何多重層次的意義來看靈魂世界，都牽扯到這個肉身本身生命恢復的層次，假設這一個肉身本身的天命或志業是要傳達某一個高級靈魂的訊息，這個肉身的世間經驗過程，如婚姻過程、兩性關係或其他，在他解讀高級靈對靈魂伴侶的訊息時，就有可能會產生落差，他的解讀是有障礙在的。我們不能忽略掉通靈者本身在世間的不圓滿而產生有干擾的解讀這項事實存在的可能性。

在廣義來講，應該是所有的靈魂體都是靈魂伴侶，是一種夥伴關係，但以狹義來看，靈魂夥伴也可以變現成一種夫妻關係。

而雙生火焰為一個靈魂體運作成兩個男女相的講法，這裡面的含意可深可淺。如果它在輪迴裡面，必須分裂出來，當一個生命有碎片分裂出去的時候，變成淪落在這個苦難世界的男女相，是一種互為碎片的狀態，這種是一種碎片型的分裂，它是生命變得更無能為力的分裂與男女。

另外一種是高層次的，是為了更大的圓滿，更大的示現。這個靈魂體的能量特別高，它變現成兩個不同的狀態，男相與女相，然後以肉身來到這個世界，或者是直接以靈魂體本身來引領所需要面對的男女苦難的問題。他們會在各自示現的過程裡，回歸到整體性，這種男女相就變成是完整的生命恢復的過程，產生的內涵也會不一樣，他們各自有各自運作的階段、對象和狀態。但是，這個部分如果是高層次的靈魂，就如同我之前所表達的，是自性深遠的變現，即使是沒有肉身來到這世界的也可以變現成男女相，在靈魂世界裡它會比較自在，但也可以不用分裂成男女相，以自己本身的完整性就可以運作。當它是完整的，變現成男女相的時候，可以在靈魂體的世界做一些教化，也可以選擇到人類的世界，變成以肉身來教化，但也可以兩邊同時運作。若留在靈魂世界裡，就教化靈魂狀況比較差的，也會透過夢境、覺受，或其他管道給世上有肉身的眷屬們，來引領他們面對問題。

但是畢竟，男女相是相對性的，不管任何的變現，還是容易變成相對性的狀態。我們終究要了解到的就是，**男女問題的解除必須要不落入相對性的男女相**，無論在人類的世界、靈魂的世界、密靈魂的世界，或無盡層次靈魂的世界，都應該要通往究竟的方向。

所以，**所謂的雙修，包含靈魂體的雙修，都要能夠把它融合成為靈魂面對自己本身真正的自性，這才是最大的關鍵**。

人類目前沒有任何的教法——教導如何令靈魂體本身收圓它的雙修相，相對性的雙修相，以及在解除雙修相的同時，也解除這種雙生火焰的天命與願力，天命與願力不是只有肉身才有，靈魂體也有它們的天命與願力。在靈魂世界，不管任何層次的靈魂體收圓，不管任何的願力與天命的收回與解除，**將來終極最重要的教法就是，以終極世尊主的力量，令一切靈魂以靈魂體本身面對它自己的內在如來，而走上一切靈魂體定位回歸的路。**

這一個世代的正法開演，不只要讓人類也要讓所有的靈魂體解除一切的苦難，這是輕忽不得的事情。當整個無量世界的靈魂體能夠獲得重大解除的時候，眾生終究能夠確定一件事情——當正法之主親臨天下與整個無量世界的時候，將有遍滿虛空無盡生命的靈魂體傾聽無上主的內涵與法緣，這是空前絕後的。

萬靈歸位只是一個開始而已，確定歸位也只是一個開始而已，這也就是為什麼會有無量世界無量的無形存在要透過在地球上有肉身的夥伴回歸與對應。每一次的回歸也代表每一次跟重要夥伴相應的一種共振、解碼與恢復，這是不可思議的無盡的運作。

所以，絕對不是人類以他的願力或天命來覺受某一個靈魂體的某種經驗值，或以靈魂伴侶、雙生火焰這種名相來看靈魂體的整體運作和內涵那麼地簡單。

這次在地球上自主正法的開演，其重大的密運作裡，虛空的萬靈歸位是何等地重要，所有無量世界的靈魂體全部都要獲得解除，當這些靈魂體裡的不圓滿全部確定解除的時候，人類的障礙與負擔也會減輕很多。而靈魂體的力量也會高層次地恢復，以更大的能量來善護人類整體的穩定，把人類現在急速通往毀滅的狀態做一個煞車與穩定的作用，同時也讓人類能夠在一定的時間點逐步地拉回正軌，在拉回的過程裡茁壯，生命恢復中產生內涵與體會。

目前有關靈魂伴侶、雙生火焰這部分的解讀只是偏於某一個小角度而已，只用這個角度理解靈魂世界是非常狹隘的，也是對自己重大的設限，認為自己只能這樣去運作與覺受。有些人甚至認為自己只是高級靈的工具、容器或使徒，都只會讓自己更卑微，更無法去正視靈魂的世界，這不是靈魂體的目的。

人類原本是要面對自己生命的過程，反而變成是靈魂體的侍奉者，無法正視靈魂真正的狀態。更重要的是，當你成為靈魂體的某一種工具或待奉者的時候，也用這種方式去幫眾生，若這些眾生又把你推崇得更高，那就會更讓人遠離了靈魂真正的狀態，讓好不容易有面對契機的人卻因為這種更大的分別狀態而遙遠了彼此的回歸通路與機會，這種認知，是造無邊無量難以挽回的業障，沒有智慧的路，完全必須徹底根絕。

所有對靈魂的解讀都必須要重新調整與檢視，如此，人類才會有最後的機會。在一切肉身的狀態與靈魂的狀態，全部要等同等持。我們一定要有重大的示現與解碼，讓人類對靈魂體的世界了然，這是對靈魂體最大的供養與善護。

由輪迴中解脫

問：輪迴到底存不存在？如何看待輪迴？

輪迴本身並不是假象或真相的問題，**輪迴是宇宙無量密藏的妙用，是無量的累積重要的洗刷過程**。輪迴的密藏就是在無邊無量的世界裡，將無量眾生有邊有角的狀態透過輪迴的過程顯現出來，將一切無量相對性的遺憾與苦難在無止盡的輪迴中燃燒殆盡。

如果視輪迴為一種假象，它會帶動另外一種狀態就是：視肉身為假象，而造成對肉身的輕易捨棄。

當你在討論是否真有輪迴之事時，你就在輪迴當中，你認為輪迴是真的？或是假的？當你說出輪迴的那一刻，不管你是什麼，有什麼樣的力量，你本身就是在輪迴當中。輪迴本身是一種時空感的狀態，當你落入時空時，也是一種輪迴。若你不落入時空，代表你安住在輪迴當中，不受制於輪迴。輪迴本身不是輪迴，並不是那麼簡單可以理解的事，它是最極致的純粹，但它又把一切的複雜都涵攝在內，運作解除之事，但是如果你不走上解除，就變成了運作遞增的事。

我們要有中道的等同等持的觀照，才可能進入一個更大的可能性。這句話「輪迴是不可能的事」，我們不能說對或錯，它的表達是某一種境界，希望我們不會一直受制於輪迴中，希望我們能夠做某種跳脫。但這樣是不夠的，在過去，這句話也許會讓一些眾生安住，但在這個世局，這樣的內涵已是不夠了。

只要眾生不圓滿，輪迴就會存在。既然在虛空藏中開出了宇宙，就是代表有無盡的生命需要這個舞台來進行自己的改變。**生命存在本身就是輪迴，生命沒有存不存在的問題本身只是不落入輪迴**，輪迴只是一種說法而已。**生命的可貴是在進行輪迴的時候沒有輪迴的問題，正因為沒有輪迴的問題，才能進行輪迴的事**。

重要的是，我們要對所有的眾生表達，不管你在任何舞台，不管你自認你的生命是無盡的卑微，都該受到最根本的肯定，就是——**你內在絕對有不受制於輪迴的自性佛**，這是確定的，這也是我本人親自確定的。人人都有自主的機會，一切生命在製造苦難的同時，都還有最後的機會，就是他本身有在輪迴當中解脫出來的可能性。

我們看看，在這個世界上，有多少生命承受不住痛苦？輪迴是一個重大的轉化道場，讓苦難的眾生能走上遞減之路。如果這點確定都不能建立的話，只單純認為輪迴是不可能的事，會讓所有的生命失去所有的依恃，到最後，那種安住不了的狀況會讓整個人類與任何形態的生命產生無止盡的爭戰，那都是因為生命的不安定啊！

不相信輪迴反會生出重大的危機，當高度的智慧者無法看清這點，而傳達出不適當訊息給眾生的時候，而他又有在那個世代的領眾權的話，就會在星系裡扮演一種毀滅性的角色。不究竟的狀態影響實在太大了。

哪一個生命不是在進行輪迴這個事情？**佛本身也在進行輪迴，只是他是圓滿的，**圓滿到祂了解沒有輪迴不輪迴的問題，祂才敢說出解脫這件事，因為祂有那個厚度，所以在輪迴的世界裡、在六道的世界或無量道的世界裡，祂可以向眾生表達：「我解脫給你看。」

佛本身只是免掉無量生命爭戰的一個基本水準而已啊！佛的境界只是無量宇宙生命確定初步成熟、初步穩定的開始而已啊！

眾生成佛是確定他在無量宇宙的公民身分，宇宙正法的人民就是諸佛菩薩，他們到哪裡都不是問題。然而對人類、對一切眾生已經是最後的究竟了。

至於諸佛以後存在的密世界，等整體人類有通往成佛的基本覺受與確認後，再以人類生命恢復的基礎，來評估此終極無上密諸佛正法的示現與傳承，是否在此世代傳達或開演出來。

因為在解碼與解讀上較能確認時，較不會產生生命本然覺受的落差，而能以本覺的納

入，相應此諸佛之後的密世界，必然存在的可能性或事實。

也因為通往成佛的路途中，整體人類遞減慣性到某一個相當層次，已能在苦難本身的當下以生命本然的覺受納入生活的一切，確認成佛的覺受與大用。也因有此基礎，必能以生命本然的覺受相應覺受來印證，甚至進而確定諸佛之後的密世界存在的事實。

所以輪迴本身也是一個重大的妙用，是宇宙無盡的寶藏，它是檢視所有未能成佛的眾生的一個檢視器、照妖鏡、洗刷處，將你所有的罪也就是慣性全都洗刷掉，讓你顯露你本來的面目。所以，輪迴就是要消融掉你無量的慣性、無盡的苦處，我們反倒要禮敬輪迴，讚嘆輪迴，叩首輪迴，圓滿輪迴，正視輪迴，先從自身輪迴處開始。

我們要在輪迴處，才能了解不落入輪迴的「我」是什麼，那就是諸佛菩薩，諸佛菩薩即使到無量的宇宙也都沒有問題，都可以告訴那邊輪迴的眾生如何不輪迴。成為宇宙公民，成為佛之後，到宇宙哪裡行走都可以通，通行證不是問題。當你成為佛，你到無量眾生的苦難處裡，就用他們的資源示現出來，也不會落入輪迴的執著點，但你示現出來，就可以善護那邊無量的眾生，那個就叫**世尊**，因為世界會尊重你。如果他們能上來就上來，如果不能，就等下一個因緣，沒有差別，甚至他們那邊成佛的眾生就可以「演」下去了。

當很多眾生都到達諸佛的狀態的時候，那個公民的世界就會是不同的、空前的狀態了。

主的存在與假象

問：主是真的存在嗎？

假非假，真非真，一切真，一切假，一切假，一切真，假非真，真非假，真真假假，假假真真，非真非假，無量真，無量假，無量非真，無量非假。我們就以此種不可思議之邏輯非邏輯，來看主的存在。

主本身的狀態是不可思議的，主在無量世界裡的引領是完全不同界面的，是沒有辦法去評估祂的內涵的。主是沒有生命形式的，祂是一個存在的狀態。

以地球來講，主本身的扮演是苦難眾人所需要的，這是一種層次，而非苦難的需要又是另一種層次，所以，主本身就有非常多的層次。

一種層次一種主，各種層次各種主，多元層次多元主。

無量層次無量主，無窮層次無窮主，無盡層次無盡主。

不可思議之主，一切層次一切主，主一切無量無盡無窮層次。

主在一切層次，不在一切層次。

主無染於一切層次，主解除一切之層次。

的確是有肉身存在而示現的主，因為對苦難的眾生來講，他們執著於苦難，他們在意的事對他們來說都是真實的，他們也需要真實的臨場感、真實的受用、真實的體會、真實的了然、真實的解除過程、真實的真主。這是等同等持的存在與無盡深遠的訴求，所以，真主必然以等同時空的生命狀態親臨示現，令一切生命有跡可循，也令其成為自己日常生活中生命的主人。你無法對那些放不下的人說：「你要放下。」單單只對他們說「放下」是起不了作用的，因為他們的眼界、視野就只能這樣。你可以表達「放下」這樣的訊息給他們，但同時也要示現等同於他們苦難的一種狀態、一種身、口、意出來，讓他們知道要如何去轉化那個苦、照見那個苦，然後逐漸轉為自主。這整個過程需要非常的「真實」，他們才有可能接受引領。

主在真知，在真實，在真有，在真生命，在真肉身。

主不預設而臨在，主不落入而當下，主不思議而親臨。

人類之一切假，非假也，人類之一切真，非真也，之於真，之於假，主之於人類示現之妙有也。

主之引領，領眾畏因，引領於生活，畏因於生命，眾人自引領，眾人引初衷本義，入主之本心。

主之示現，眾生當下是主，萬物引領人類如來意。肉身之身、口、意引領自身清淨意，

打破設限，成就於主等同時空。

當他們正在「受苦」的時候，你跟他們講「自主」，他們跟本聽不懂，如何能與他們相應？很多時候引領他們到某個地步，很多人還是會又退回到他的老地方、舊慣性裡，不斷起起伏伏、上上下下、隨波逐流，這就是眾生的現象。現在你能夠照見他們的問題，但當你精進的速度很快時，他們就無法跟上，所以我們有時要很務實地看到事情的實際面，因為眾生解除苦難的機會往往只有一次，靠近主的機會只有一次。

不在痛苦，不在受苦，更在知苦，以知苦之提點，觀照之當下，不思議而入主之磁場。解苦在於解除邏輯性的識性，人之以為，意識形態，一切價值，皆應解放，以空之本然納主之全然。

人類真真假假，一切真假，非真非假，所有真假，皆成引領入主之真實國度。

直到等到了一個成熟點，再告訴他們「放下」，他們才可能放得下，也知道非放下不可，因為如果當他們知道有更好的主的內涵、主的路、主的提點、主的示現……讓他們知道「自己即是自己的主」的時候，他們為何不去做自己的主？

這就是為何要有「主的親臨」這種示現的過程，等同等持於他們的苦，讓他們感同身受。而我們也要表達一種感同身受，用一種他們熟悉的引領來讓他們改變，這種引領方式與過程一定要能夠觸動到他們的眼界所能認知的某個框框，因為他們只認得那種框框，然後再協助他們打破這種框框，這是一個必要的過程。

所以，**當你被引領到某一個生命厚度的時候，連主你都要放掉，不執著於主。**

主本身沒有主的問題，才能夠以主的相，令一切生命自己解苦，成為他自己的主。

主非主，感同身受一切苦，當下等同領受主之恩寵。

主是主，人之相應於主，自己是主，真知於自己，真主等同存在。

主在一切苦難處，等同等持去扶持一切的苦難，而不是讓苦難的眾生又要去面對一個遙不可及的主。他們都已經沒那個能量了，又如何再更加消弱他們的能量去對應一個無法想像的主，卑仰一個無法觸及的主，期盼一個不知何時降臨的主？

這就是現在那些信仰主的宗教的問題所在，放了一個很大的「主的形象」壓在人們的苦難上面。

主沒有形不形象的問題，不應以人類的形式理解主的形象。

主沒有信不信仰的問題，人類以慣性信仰主，信的只是人類慣性下理解的主之形象，背離主，無法理解主。

主沒有宗不宗教的問題，主之教育，在於人當下生活之面對，而宗旨清明，不在刻意建立的宗教系統。

主沒有修不修法的問題，人以慣性修一切法，應放下修法，主無法可得，主無修行可

修，主之臨在，打破無量外在修法。

這種假象的主對他們來說，是被認真對待的，是真實的，他們會有一些感應與覺受存在。雖然這些全都要解除掉，但也是一種引領的能量，也是一種契機。

生活當下，契機無盡，能量無限。

在於對待，在於解除，覺受真假表象，引領真實契機，感同身受，與主同在。

我們就要在這樣的狀態下，引領他們恢復生命，重要的是，重要的夥伴們與能夠等同於主示現的各種不同高層次的生命，**不可落入引領眾生的法執裡，或渡眾生的相裡**，否則反倒會被眾生的慣性所牽動，而累積成了他自己無法承受的狀態，那就是把苦難的假象與渡眾生的相給當真了。

眾生自引領，苦難打破人類的真假，渡無所渡。

主沒有渡不渡的問題，眾生被牽動，應自渡轉化，圓成當下。

主親臨，打破一切狀態，一切層次，一切累積。

主之大用，打破無量層次，粉碎無盡累積。

主收圓一切渡眾生的相對流程。

這是很多重要的夥伴，也許是大菩薩、大天使，在過去生渡眾生時，著了這種渡的相，而無法轉化掉，從我們的周遭，我們可以看見這樣的問題的確是發生著的，這些問題必須通通都要被照見、被放掉。

可解脫的、被解脫的裡面所存在各式狀態的真真假假、假假真真，全部都要解除掉，才有辦法成為自己的主。

主親臨到哪裡，一切收圓到哪裡，一切解除到哪裡。

所有一切大願力之天使、菩薩，皆因主之親臨，而無盡地轉化過去無量劫尚未完全轉化的承受。

當下覺受正法，渡眾生，無承受，無轉化，當下無染之渡化而生命自轉化。

正法當下實無一眾生可渡化之，渡無所渡，令一切生命自渡自主，入空性自性。

主之親臨，一切無量劫來的渡化相，全部解除，永無輪迴。

第二章　不思議

不管往哪裡，當下是空性，不管不往哪裡，當下是空性。

當下解除當下的當下，當下即空性。

無所住於一切，是一切空性的基礎。

觀於無所，觀即空性。

無所之觀，空性起觀。

自性空，空自性。

一切來，一切空，一切去，一切空。

覺所不思議，空不可思議之智，不可思議之自性空。

莊嚴空性世尊，空行天下，空行當下，空性無量無盡。
虛空空性，空性虛空，空性存有，存有空性。
空覺覺空，覺無所空，無所空覺，空覺空性無上第一空義。

第一節　如來

自性如來，一切自在

問：生命的如來是什麼？

如來，就是沒有來去的問題，一切皆自在。如來之因，如來之果，如來之智，如來之當下，如來之正法，如來之一切的存在，就是等同另外一個存有的名相——**世尊**。當世間一切慣性都遞減的時候，不論過去生是什麼，人與人之間在當下存在的一切關係裡面，都能夠往順暢無罣礙的狀態去互動一切。

如果人與人之間的互動，就是如來與如來之間的互動，而不是慣性與慣性的互動，這樣的生活方式會變成怎樣？如果大家都沒有任何罣礙與牽扯，在生活當中的互動裡就在不斷地解除慣性，這樣自主的人生又會是什麼？這不就是真正的一種如來的國度嗎？

我所表達的，並不是大家都非常悲苦，都需要一尊如來來引領他們，我所講的是，人人都是如來的生活方式。**如來是人生的基本常態，這叫做世間尊重**，這才是正常的，這才是存在的本質、本義、本能，這是本質恢復之後而生活的真正狀態。當肉身還存在於世間的時候，就可以進行這樣的事情，這是人類最後的、最大的悲願，這是浩瀚的宇宙所企求與期待的存在狀態。

當無盡的彩虹橋劃過天際時，所要交會的那最後一人，他會傳達這內涵，也會讓這成為事實的那最後一人，因此而來。這內涵能令一切生命成為他自己生活中當下的世尊，共同的世尊，無量的世尊，但條件是在於，人類必須捨掉一切慣性，**一切捨，當下捨**。在來來去去的一切狀態中，都能夠照見苦難本身就是慣性的累積，以及苦難本身在提點些什麼。

所以，不管哪一個人，不管哪一個地點，不管哪一個關係，不管哪一個家庭，不管哪一個狀況，無論男女關係或親子關係，一切的關係都是這樣，我們都要有一個尊重的態度與給彼此的空間。尊重的目的是在於，不被干擾的「我真正的存在狀態」要能夠出現。

我們之所以感覺被干擾，是因為我們通常用某一種慣性去看待人、事、物，在我們還沒有完全了然某一個因之前，沒有辦法完全如來，因此，每一個苦難都在提點我們的慣性與曾經用力過度的罣礙。

我們可以藉由觀察別人用力的過程和他在面對自己每一個階段與關係所帶來的生命恢復的契機裡，照見那整個過程與狀態，我們要感同身受，然後恢復自己的圓滿，別人已走過的路我們不用再走一遍。我們在別人的家族關係中以及別人的一切處裡，若都能照見我們過往曾經在一切處裡面等同的災難，那就是如來，無論來來去去或哪一個地方，都能夠照見我們本身等同存在的問題。當我們借用別人的場合與他們在面對他們的關係的時候，他們的不穩定都能被我們照見，如果我們還會有框框與標準，就代表我們在自己的關係、工作場合或一切處裡，也同樣會用力，就算我們照見問題所在，但如果我們還是會有所憤怒或不滿，或有所觸動與感傷的話，就代表我們也有等同的問題。

感傷是什麼？感動於所觸動的自己本身的那個傷痕。藉由別人的痛處，我們能感應出自己的傷痕，若能同在一個場合中解除是最好的，但若不能也無所謂，因為每一個角色都不同，每一個人可以回歸他自己完整的終極裡面，去解除掉這些傷痕。

互為提點，互為世尊，互為施法之處，就叫做如來。如是而來，如是而去。

當如是而來、如是而去都圓滿的時候，在生活當中都很順暢的時候，他就是如來，他會得到世間的尊重，因為他已經不會被牽動、干擾，因為他已經**捨無所捨、善逝**，當他捨到盡頭的時候，他的慣性也會徹底消逝，善逝就是善於處理慣性，使其消失。**世界慣性消失的我是真正的無上如來**，世尊男相，世尊女相。

如來的密藏

問：什麼是如來的密藏？

密不可說之寶藏。在一切苦難處，因苦難得以轉化而轉識成智之後所恢復的重大的密碼與圖騰、所要解除人類苦難的整體的重要的內涵的示現，就是密藏。它在眾生的苦難處。

一切苦難的所在之處，都是如來的密藏。
一切相對的所在之處，都是如來的密藏。
一切思議的所在之處，都是如來的密藏。
一切慣性的所在之處，都是如來的密藏。
一切識性的所在之處，都是如來的密藏。

所以，為什麼叫大悲陀羅尼？因為大我的恢復是來自於悲、苦。悲是什麼，非心，轉化你的心的一切狀態，往大我的方向去轉化，叫大悲。重點就是在於我們要懂得如何在悲苦的狀態轉化成大我的狀態，而不是一直處在小我的慣性中。

人類整體的苦難，就是生命如來整體的寶藏。

如來的密藏，將會是人類二〇一二年之後生命最後的寶藏。

如來的密藏，在生、老、病、死悲歡離合中顯相。

如來的密藏，宇宙的寶藏，人類生命自主的答案所在。

如來密藏的恢復，只有在主親臨的世代，才能令如來示現在肉身，等同主的親臨。

解除掉慣性，才能恢復你的真實。當慣性不斷解除的時候，還要懂得無傷，無論做不做或怎樣做都無傷，才能有一定的穩定度，然復逐漸恢復智慧。如來的法流就會不斷地恢復在你的身、口、意裡面，而運作出世間所需的大愛的內涵與第一義。

無盡之密藏，無窮之寶藏，自性如來，不可思議。

無盡之密藏，無窮之寶藏，自性開封，如來湧動，人類任何狀態，皆是如來的無盡存在。

無盡之密藏，無窮之寶藏，開啟之路，在打破人類慣性的當下完成。

無盡之密藏，無窮之寶藏，在生活中進行的無分別方向，人際關係中，都在進行如來密藏的內涵。

當大我恢復到某種狀態的時候，如來本身的心念就會源源不絕地出現在你的腦袋裡面，隨時可得，就是「願解如來真實義」的意思。到那時，你的念頭就會是如來的念頭。

每一個念頭，都是如來的善意，每一種行為，都是如來的身教，人類肉身的存在，就是如來無盡寶藏的顯相，人類之尊貴，即是如來之殊勝，肉身即如來，人類自當珍重，以如來之密藏，恢復生命的自主，就是圓滿了如來無盡的自性寶藏，莊嚴人自主的生活。

無盡藏

問：何謂生命存在的無盡藏？

重點在於盡，對於苦難的世界是要讓慣性本身被除到盡頭。但在除去慣性的過程裡面，會有一個當下的內在寶藏出來，我們要懂得去開啟，所以，慣性解除到哪裡，內在的寶藏就能示現、恢復、提點到哪裡。

盡之無盡，盡之無所，無為之盡，盡之無漏。

提點之盡，納入之盡，生死之盡，盡之無所住。

當下之盡，世界之盡，究竟之盡，盡之無為。

盡之無窮，盡之無盡，無窮無盡，窮之以盡。

盡一切次第，中道無上盡，不可思議之盡。

盡無量盡，順逆皆盡，因果盡之，不二不落入之盡。

而這過程中的**基準點在於無**，無的意思是在過程中能夠無傷，無痕跡。如果說今天在進行內在能量恢復的當下，同時也在慣性中震盪時，我們的覺受狀態必須要有一個穩定性。如果沒有穩定性的話，這個震盪就會造成更大的延伸，而使得周遭與你不相應，或讓你被那些還沒準備好、還不了解的人所干擾。這些都是過程中我們要去觀照與評估的。

無之以不思議，無盡之以密無窮之示現。

無我無傷，無盡之本我，無傷天下之慈悲。

無盡亦無窮，無之示現，無來去之觀自在。

無所觀，中道觀，無觀，自性觀，妙法一切觀。

共願無所共願，共震盪，共生死，共無上觀。

所以，無盡藏的意思在於，慣性之盡，內在如來寶藏之開封，這個過程一定要徹底。當慣性除盡達到某個水準的時候，就是要以平等心進入真正的內在如來的寶藏世界的時候。此時，已經不太有或幾乎沒有什麼慣性的阻隔，你能夠完全以覺受來對應你內在的自性寶藏，這就是某種無盡藏的境界，它是無窮無盡的寶藏，它是沒有盡頭的，它甚至也不是有盡頭或沒有盡頭的一種狀態，它不是相對性的，也不在任何的思議裡或評估裡。唯有以**不可思議**才能進入無盡藏的狀態。

藏於無盡，藏於無窮，藏無所藏。

無上密藏，藏於果，藏於因，供養一切天下密藏。

盡藏於密，盡藏於宇宙無量，不思議之藏，天下生死皆密藏。

藏於不可說，無藏藏無，無我藏之，藏於無住。

無上密藏，盡一切處遍一切密藏。

苦難藏之以密，密眾生藏之以如來本心。

藏之以藏，當下密藏，藏之法脈，傳承密藏。

密藏存在，存有密藏，世代藏之示現，藏之變現。

我們要一直保持在無盡藏的狀態，才能維持在讓自性如來恢復的一個基本盤。因為這會讓我們一直處在一種完全不預設的狀態中，無預設的覺受，無預設的肉身，無預設的運作，無預設的人際關係……，無邊無量，這樣我們自性如來的恢復才不會受到任何阻礙與干擾。

自性無盡藏，無盡之本藏，一切如來之所從出。

本心如來藏，生活藏之所在，生命生生不息，藏之以不思議。

空性如來藏，中道示現以密藏，輪迴密藏，一切密傳承，空有空示現於密藏，空性世

尊，無量天下傳承之。

空性宇宙，無量藏之以密。

解碼於藏，解除於無盡藏。

虛空無盡，寶藏如來，藏密於肉身，解密於輪脈經絡，藏於無所藏之處，盡於無窮之盡，無所住於當下空性無盡藏。

虹光身，自性身，如來身

問：當我們的生命完全百分之百恢復的時候，會是什麼樣的狀態？

我在講解無盡藏的時候已經間接回答了，當你進入一種所有慣性解除的狀態時，處在一種虛空、一種空性的狀態的時候，就可以隨時隨地在生活中讓你內在自性如來的力量與法流不斷地恢復，在恢復過程裡，在每一個當下能隨時自在，又無所不在，隨順眾生，而不在一切眾生，又更在一切眾生，眾生的生命等同等持虛空空性的存在時，你的內在如來不斷地恢復，恢復到某一個厚度的時候，那個點就會是一個真實的存在，那是一個金剛性的確定。

一切肉身，肉身一切，為了無量完整的恢復能量而設定的肉身存在。

一切肉身，肉身一切，一切隨緣身，一切妙身，身自身，身之存在，不可思議。

一切肉身，肉身一切，一切無染身，一切無上身，當下身，成就身。

一切肉身，肉身一切，身之妙，妙之身，身之觀，觀之身，肉身自觀觀自在。

一切肉身，肉身一切，因之身，果之身，因果之身，身之妙果，身之本身，因果自解。

一切肉身，肉身一切，身之解，身之密，密解肉身，肉身密解，肉身解一切身。

一切肉身，肉身一切，身之法，法之身，一切法，一切身，肉身俱足一切修行之法。

一切肉身，肉身一切，身之行，行之身，一切行，一切身，肉身俱足一切行法。

一切肉身，肉身一切，肉身戒定慧，戒定慧肉身，肉身即大覺受之照見身。

好比說，我們看一下蓮花生大士的法身狀態，那就是他真實的存在，他的真是實實在在地充滿在他的肉身存在裡面，他本身的存在就等同於他肉身存在那麼地真實。這就是我們要恢復的方向，我們不知道每一個人的因緣果報，他的恢復狀態我們也無法預設。

一切肉身，肉身一切，如來身，生命身，生生不息之身。

一切肉身，肉身一切，無為身，究竟身，了義身，覺一切有情身。

一切肉身，肉身一切，宇宙身，光明身，第一義身，供養身，肉身俱足一切涵養。

一切肉身，肉身一切，苦難身，相應身，觀照身，肉身即一切諸佛之本身。

一切肉身，肉身一切，如意身，自在身，中道身，肉身即空性之本身。

一切肉身，肉身一切，本尊身，無染身，解碼身，一切法身之所在。

當你的恢復已不再有所保留或障礙，或者也沒有什麼東西是被藏住的時候，你的自性就會百分之百充滿在你的肉身，此時，你的肉身即是自性身、如來身、真實身，就如同蓮花生大士虹光身那張唐卡上法流充滿的狀態，而成為這樣狀態的你的每一個對應也都會是百分之百的，**沒有覺的過程，也沒有受的過程，甚至連當下都是多餘的，也沒有什麼盡不盡的問題了，什麼都不剩，但卻也是一切，唯一的狀態就是真實存在**。這種真實存在的能量可以裝在你的肉身裡面，這是沒有問題的，這樣，也可被稱為**自性佛**，是百分之百的沒有任何罣礙。

一切肉身，肉身一切，圓滿身，自性身，肉身不落任何過程之自由身。

一切肉身，肉身一切，淨土身，國度身，肉身一切存在之本身。

一切肉身，肉身一切，答案身，示現身，圖騰身，肉身一切根本之本身。

肉身之肉身，無量之肉身，無盡之肉身，肉身在一切慣性不在一切慣性，肉身在一切圓滿不在一切圓滿，如來肉身，肉身如來，一切皆肉身，肉身遍一切處，示現無量生命之本身，肉身無盡自主，無量恢復，肉身之圓，無量生命源頭之所在，肉身之緣，一切空性啟動之奧義，肉身即自性，肉身之莊嚴，無量生命之本義，皆以肉身之示現無邊無量在肉

身的生活中展現，肉身當下已是百分之百圓滿的存在，肉身當下已俱足一切，所以，肉身才能成為自己生活中遍行一切的生命自主生活。

如一——放下相對性的思維

問：請問生命的合一性與一體性。

千手千眼觀音佛祖的那個圖騰就是如一性，就是一體性。我們必須把所有的碎片收圓，我們有無盡的通路與運作，但也會有無盡的累積。如果我們的眼睛沒有開的時候，在那個通路裡面，無法知道有多少的累積，就只會一慣地往外擴張。所以眼睛之觀照在於隨時當下都有回歸如一的狀態，要不然我們就會不斷地被牽動出去，就會有太多外在假象的多元性與多次第性、多境界性。

多次第性，多境界性，多重多層次，不預設圓滿之。

多次第性，多境界性，千手千眼觀音如來，妙法如來之。

多次第性，多境界性，非多之次第，非少之境，當下無染之。

多次第性，多境界性，宇宙多重，生命轉化無量，一切遍一切，輪迴遍輪迴。

多次第性，多境界性，當下無量當下，解除無盡解除，解碼無窮解碼。

多次第性，多境界性，不思議以智慧，不可說以本心。

問題不在於設定一個目標叫做如一或合一，你在問合一的這個當下若是以相對性的狀態去問，你永遠不會有答案，唯有在問的當下你觀自在，因為在問合一時，可能只是一個在慣性下或相對性下自以為是的反省所設定的假象目標。當你會問這個問題時，是你的內在要提醒你，你落入相對性的是什麼？要觀自在，觀自己問題之所在，在很多通路裡面，你的眼睛要觀，但不只是往外觀，觀的碎片你得要收回來，你要意會到自己的問是不是在一個相對性的慣性下問的。所以當你不斷地放下相對性的慣性時，你就會不斷地回歸到如一合一的狀態的過程裡。所以，它不是一個問法，它是隨時隨地在進行的狀態，是一種無限生機也是無盡存有的一種狀態。但是一個如一的本心跟初衷，要如何收圓與安住就是中道。

如一於中，如來之道，道之於中道。

如一當下，究竟放下，一體成現，如一示現。

如一於無量層次，等同等持於不可說之狀態。

如一於無量察覺，隨緣自觀察。

如一於無盡順逆之供養，中道身無上供養，一切身和合天下一切苦難。

如一之智，無上如一傳承。

如一教法，一如來，一切如來，無上法，自性教之。

如一問答，中道妙答，問之以中，道之答，無上道回答之。

如一不落入，如一解除一切相對慣性。

如一觀自在，無所如一，無住如一，無盡狀態皆如一。

如一如本，如來初衷，如是因，如是果。

如是生死，如是解之，如是男女，如是陰陽，如一變現，如一圓成。

在察覺的時候，順向無盡的察覺，逆向無盡的察覺，順向的察覺是更難的，因為我們都想要有福報，我們都想要事情順著我們的意識形態，所以很多大師隨順眾生，全部都倒，因為隨順眾生的慣性。什麼是隨順？要有觀自在大自在做為一種厚度，在一切眾生不斷的苦難裡面，涵攝他們而令其恢復自主與如一的狀態。恆順隨順的狀態是無邊無量善巧方便的示現，就是要扶持眾生走上自主的路，他自己要懂得自己如一，就是要當下放下相對性的思維與那些有邊有量的狀態。我們不是要給一個圖騰與目標，他自己的存在、身、口、意與累積就是他唯一自己的資糧。會有諸苦，就是因為不能自主，不能自主就不能如一。要有如一才有自主可言，我們要自主才能回歸到一個原來的狀態下，恢復內在的如來。

主之如一，無量如來，一切處，如是來，如是去。

主之如法，如一修法，自主如一。

主之身、口、意，如一如來，如來如一。

無量共果，果之如一，一切如中，中於當下，和合如中。

無量共願，因之如一，當下如中，中道無量如一之本道。

如一示現，示現於不思議，隨順隨緣，如一如法。

主之如來遍無量如一，一主一如來，無量來去皆如一。

如來皆主，如一一切皆自主，自主無量如一。

你的身、口、意必須要提供出來，目的就在於把慣性與苦難供養出來，供養成為一個你能轉智成識的資糧。你能以你的肉身來覺受，是非常珍貴的。我們今天說要供養身、口、意，或供養苦難，供養所有存在的相對性，就是為了能夠在很多當下的對待裡面放下，而讓內在生生不息。生生不息到某一個厚度時，你就會如一了，內外如一，到了最後連外在的部分都可以拿掉，包括任何的修行修法，然後你的肉身就會是你的如來身，那不是一種簡單的合一如一的境界。

一如來一境界，如來合一無量界。

如來合一修行修法，一修行，無量如法。

如一之密，合一之妙，供養之天下，無上正等正覺。

如一教法，如來妙法，密之以如，藏之以一，如一一如，無上自性傳法。

有形、無形皆如一，如一大行，如一廣納，如一之共願，初衷如一，悲智如本，本心本我。

無量宇宙，密藏無量如一，世尊不生不滅，自在如一，自性生活，如一生命，清淨如一，空性第一義如一本智。

無邊無量——不再有相對性的傷

問：如何解「無邊無量」？

眾生一般是有邊有量的，他所有的衡量都是有邊有量的，這種衡量都是有邊角的，不管他是在無量世界或無量狀態以及他可能是任何生命形態，他的存在都是有邊有量的。例如：螞蟻也是一種次元，在牠的次元裡有牠的敏感度和牠的面對，生存就是一種面對。牠也有牠回家的路，這個「路」就是一個相對性的目標，這也需要將它打破，打破了之後才會是無邊無量。

什麼是無邊無量呢？所有的衡量不會再有相對性的傷，沒有相對性的執著與預設。無邊就是，所有有邊角的衡量通通都沒有了，不是只有相對性拿掉而已。一個相對延伸出去的是無邊無量的相對，彼此在無量的輕重、無量的狀態的相對事件流程裡面，所有有邊角的衡量當下全部拿掉。

出離——沒有進出過程的抽離

問：如何不與慣性世界做消耗性的對應？不消耗的重點是什麼？

出離的重點是在於——出離慣性，它不是一種神通的現象，也不是在夢境中或在某種境界中靈魂離開肉身到了哪裡去遊蕩或辦事……之類的。

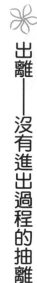

出離是指我肉身的行進在面對世間的一切對待裡，或面對任何苦難的功課時，在這些生活中重要的時刻，在那一瞬間的當下，我的內在力量，我內在存在的任何次第的狀態，都能夠讓我做到**不離肉身而離肉身，離肉身而不離肉身**。在一般世界的行、住、坐、臥當中，肉身不但能清楚地察覺到自己的出離狀態，而且也能等同察覺到對方的慣性，與自己的不落入，同時又能察覺到自己本身不落入其中的狀態是如何示現與變現。

當你肉身的精進度與圓滿度到了一定厚度的時候，你所對應的一切，就不再需要一些不必要的慣性了，因為當你已經到了一個完全可以止息的狀態之時，你自己本身內在的密碼就能完全讓你的身、口、意當下止息，同時內在力量也用出離的現象來提醒你，不用去繞那個過程，不用一直對應對方慣性式的陳述，因為那是對方的輪迴。我們的肉身透過一種出離相，也在向對方表達到此為止。

在某些面對裡面，我們可以人在其中，但是不要延伸對方的苦難與慣性，也不再附加，**我們的止息與不落入就是大戒**，在大戒當中，我們的肉身也要有了然的清明度，出離本身就是表達不在其中的重要性，這是完全在一般世界就可以進行的非常不可思議的境界。

有這樣層次內涵的肉身是有願力的，所以他是受到如來善護的，因此在他的肉身尚未完全恢復之前的某些經驗裡，例如他在一些工作場合或很多關係的場合裡對應其他人時，就會產生一個終止的現象，不再讓身、口、意延伸一些狀態，這個就是不消耗。

但是若我們可以提升到更高的境界的話，就可以做到沒有抽離的現象，你不會在肉身上顯露出出離的相，好比說看起來像是發呆或閃神的模樣，當內在如來示現抽離時，你的肉身能夠完全顯現沒有能量抽離的表達姿態，而且也不再延伸互動時的任何慣性，這樣，就無所謂離不離的問題了，肉身完全不會有多餘的狀態去對應，肉身本身即具備出離的條件，無論你對不對應，你都不會落入。

當內在如來示現某種抽離的時空，雖然不離肉身，但是當場仍有抽空的現象與過程，所以還是有能量進出的狀態。如果你肉身的眼神表情都還有「空」的現象，那表示你本身只能「空」在那邊，沒有辦法跟人家對應。而且若有往外抽離的現象，你的肉身就有某一種能量呆滯在那的表情，這個時候如果有負面能量進來的話，你就可能會承受到，雖然這種出離是一種止息的現象，好像完全靜止的狀態，但這種狀態還是一種限制，空無與停滯的現象在肉身上表現的太明顯。

所以，我們要把這種抽離而導致肉身有空相的停滯狀態給消融掉，那麼當你的境界更高時，就可以讓你的空相不但不顯現出來，而且完全沒有進出的過程，如此我們就能夠更清明，而且非常自在的加深我們在入世當中行、住、坐、臥的抽離，與肉身同步進行。肉身本身就能夠完成這樣的變現與運作，日常生活當中的任何活動就是我們在行進當中的變數，我們都能夠有等同的關注力、專注與自在。我們的專注與自在在無量的變數裡面都有等同等持的水準，完全不受制於一切的慣性考驗，而且能逐漸達到肉身與如來合一的境界，然後在一般生活中對入世變局的一切不可思議的進行當下，我們的實力都能夠示現在肉身的每一個存在裡與每一種行為的示現裡。

當肉身到達某種圓融的時候，就不再需要這個過程了，而可以清明地了解到這種止息，不再跟對方一般世界的慣性進行不必要的對應，這個時候的當下，我們的肉身就等同於內在如來，可以做適當的處理，肉身本身仍是非常地自在。

肉身即一切宇宙大愛動能存在的狀態

問：為何「人身難得」呢？

存在即生命即靈魂即肉身，存在的肉身即一切存在的狀態。我們的肉身能覺一切有情，仰望星辰與宇宙存在的一切，都是我們所能察覺的有情世界，它會存在於我們心輪心脈裡，存在於我們不可思議的思念裡，存在於我們過去、現在、未來的每一刻，甚至是沒有過去、現在、未來的清淨的記憶裡，哪怕是曾經是遍於虛空中粉碎的我，都是等同等持的那份深遠的心意。

肉身本身存在一切，不管是最好或最壞的狀況，在每一個輪脈的密碼中，它代表的是無窮無盡的內涵。當我們在面對當下的每一個事件中，都會在我們的七輪六脈的每一個經絡的結界裡面，獲得重要的訊息與了義、清明的解碼。

所以，**宇宙等同於當下我的存在，我的整個輪脈就是整個宇宙的輪脈**，我們的呼吸跟無邊無量的生命是共同起舞的，我們都在面對共同的生死，所以當我們決定要恢復生命，永不後悔，永不退轉的那一刻，我們就負起了對一切存在的責任。所以肉身本身的密碼，就如同一個寶盒，在我們面對生活的每一個當下時候，守候著我們，也等候著我們去開啟，因此我們不能只往外看到眼前小我的對待，而是在每一個過往裡面，都存在著每一刻的未來。

過去等同於現在，等同於未來。當那份等同確定的時候，我們就不會被過往的存在所牽動，也不會被未來的不可知給牽動而不安，更不會受制於當下太多表象上的相對性的干擾。

這就是為什麼當我們在試圖示現某一種圓滿的時候，讓更深更廣的生命有一份分享之愛的體會時，其實我們更應該莊嚴地正視不被牽動的過去、現在、未來的存有的自己是什麼。在解除的過程，就會在每一個輪脈裡面，產生一種能量上的解除過程，那就是一種動能，就是一種本能的衡量與察覺，**它存在的狀態就是中道身、肉身、覺醒身、圓滿身、苦難身、宇宙身，它們是等同等持存在的，這就是身為人類的可貴**。

第二節　磁場

當來下生

問：請問當來下生的正法怎麼解讀？在生命中怎麼理解？在生活中怎麼相應？

當來下生，其法義是，當生活中不預設的狀況來臨的時候，觀自己被牽動的身、口、意，當下自己以正確的方法放下，而令內在的力量生生不息，這就是當來下生的正法，當來下生的磁場與能量。

人類所有的生活都是表面的覆蓋性的生活、覆蓋性的理解與慣性的生活方式，所以，人類見不到當下的真相，才產生了所謂由慣性所確定的顯相的世界，慣性之下看不到的無邊無量的一切就是密因，對人類來說，並不是看不到的世界才叫做無形的世界，而是知見之外、慣性之外、沒有辦法確認的，都是無形的，因為，只要是不符合慣性的標準，就是無形的。

當來的當來，無法預設的來，什麼來將引動什麼去的問題，是覆蓋的，還是解除的，

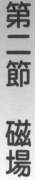

皆是在有形、無形的介面不斷的在進行。

當下的當下，當來什麼時，人類應有放下的能力，相應的納入，不相應的不承受，知見的取捨，應當放下知見本身，而不是往外取捨的動作。

重點是在於生活上見微之機，見一切危險都是生命翻動翻轉的機緣法緣，見無微之機，見當下之機，見無量之機，見轉化之機，見自身變革之機，機緣的當下，無為的正法，都是在當下每一個細微的地方照見一切變革的重大法緣，而現在的人類失去了這種察覺的能力，在有生之年失去了一切變革的機會。

生活之微妙，當下之機，當下之法，智者於牽動的微妙處，翻動自己的慣性。

當下之機，無量之機，變革之機，緣起性空，空性照見，本心察覺，萬法自主妙用。

變革的機會是生生世世在進行的，變革的機會不一定是生為人類才能進行的，任何的靈魂體在無量世界都在當下進行可能的變革，那就是一種生機，它在無量的可能性裡面進行，機緣延伸在無量的可能性裡面，延伸在人與非人之間的無量世界中，但在當下若能放掉慣性的偏見，才能夠照見生機之處。

一切的生生世世，世代傳承，生命變革演化，轉化的生機，在宇宙無盡延展，宇宙妙有，人類生活妙用，一切緣，一切機，慣性下放下，照見生機。

所以當什麼來的時候的每一個當下的進行，都是在變現一個在最細微之處照見最大變革的機緣，那個機緣是來自於是否願意放下慣性的你在當下做了什麼樣的選擇，機會就在你眼前四周進行著，所謂機不可失，如果當機會來臨的時候你照見不到，失去了機緣將會是最大的遺憾。

變革的當下，一切機不可失，當下放下，當場是唯一的道場。

生活進行的，無所住，人民互動，互為法緣，彼此密因，變革示現，主之親臨，一切契機，當下究竟。

當來下生的最大目的就是在於，建立生命在無量世界中的一個放下性的狀態，恢復察覺觀照的能力，才有生生不息的可能性，這一點若沒有建立的話，就算再多的生機也不過是更大慣性的累積而已，單純以人類自身之力是沒有辦法放掉那些由他的不安恐懼而形成的表象上的堡壘的，因為人類害怕面對放掉了安全堡壘之後未知的下一秒、下一刻、下一步路，害怕將失去所有的一切屏障，人沒有辦法在面對的時候毫無屏障，變成必須有所恃而才有所面對，無所恃就無法面對。人類忘記了，**放掉一切才是面對的開始**，要不然永遠帶著放不掉的那些包袱與不安恐懼之下的框框來面對，而那根本是不可能的事。

當下的當下，一切過去的無邊無量，都在當下等同進行，一切未來的無邊無量，都在當下等同進行，所以，現在的當下，當下的現在，就是過去、現在在未來當下的現在。

所以，現在的當下，一切的放下，就是對過去、現在、未來無邊無量的放下。

所以，放下的當下，也就是過去、現在、未來無邊無量內在如來生生不息的恢復。

每一個生活當中的無常與苦難都是在對應任何的可能性，它隱藏著你的每一個機會與可能的變革，它在無量細微之處裡帶動了變動之機，那個契合的機會是在於你自身做了什麼樣的選擇，沒有人能幫你選擇，只有你自己存在的當下才能。在一切當下的細微之處，你如何去面對生活中的所有可能性？

無量宇宙的每一個細微之處都存在著某一種密因密碼、某一種莊嚴自己生命的可能性與一切可能性的提點，每一個提點都在進行密因的解讀，照見了每一個可能的機會，在生活中無量的機會裡面，都存在著正法恢復生命自主的生機，這是身為人的可貴，但沒有真正懂得放下，何來生機的條件？

當下的密因，無量生命生活的善果。

當下的不思議，無量生命解除無量劫來的思議。

當下的無量劫，解除當下無量時空的綑綁，生命密碼圖騰，生活照見一切自性恢復的生機。

生存之道，放下之道，放下識性，智性自生。

真實的智慧，必然在生活的當下實用一切入世對萬物的相應，當下方有真智慧可言，離開當下，就是遠離智慧的開始，落入識性的牽動，成為相對的辨證。

所以，人類與萬物這次在無量宇宙世界的最後一役裡，我們必須讓整個人類恢復這樣的生活態度與察覺的能力，才有正法可言，才有恢復自己的了然可言。

生活本身就是恢復生命重要的最後的道場，當來下生的道場就是你當下生活的態度所決定的一切狀態，然後，在每一個自然裡面的必然，在生活裡面的每一個行為對待，在人與一切當下的每一個枝微末節裡，都決定了自己是否能夠自主的一切可能性，那就是真正當來下生的妙法所在。

生活之入世，在當下唯一時空，生命之出世，在生活當下之覺受，受用之處，無盡之時，不可言喻。

生活當下即正法所在，生活態度在於一切場所都是中道正法恢復的場合。

當下即無窮無盡，自性之主，中道之力，當下解除無量劫之輪迴。

一切生活的奧義，應以當來下生彌勒正法為此一世代根本依據之所在。

如來的磁場

問：正法所指的磁場是什麼，與一般我們所理解的磁場有何不同？

我說的磁場並不是一般人理解的磁場的表達，也不是一種能量。我所說的磁場指的是，無邊無量自性存在的狀態，所有最後終極自性本身的存在場。它不在於說自性本身在無量世界是怎樣的生命形式，或者說它在無量世界解除苦難時所示現的各種生命形態或是妙法，這些通通都可以超越並且將它解除掉。

磁場之能量，當下能量，運作能量，能量運作。

磁場之智慧，當下智慧，一切因緣生智慧，了義智慧。

磁場之慈悲，當下慈悲，解苦之慈悲，世間一切磁場反應之。

磁場之力，功德之力，無上之力，在一切因果關係上，以究竟力打破之，震盪之。

所以，當我講到磁場的時候，重點是在於自性本身本然存在的那個事實。自性的存有就是磁場本身，不在於主啊、如來啊……，它就是自性本身的共同終極的存有。

主之磁場，不思議世代，磁場變革，人性變動，磁場相應肉身，轉識成智。

主之磁場，磁場籠罩世界，令一切萬民成自主之覺受之磁場。

主之磁場，人民做主，萬靈歸位，磁場所在，主之親臨，磁場無上。

磁場非磁場，無量磁場皆自性變現，變現入當下世間一切時空，一切角色，一切扮演，一切因果，一切關係。生命恢復過程中，慣性覆蓋之處，皆能量在各種苦難處解碼當下恢復的磁場，磁場之定位在願力之角色，在苦難解除之流程中。

磁場之示現，妙法磁場，無量生命形式之磁場，自性磁場解除生命形式之轉化。

示現之磁場，在於眾生不在於眾生，生命彼此牽引皆是磁場示現。

示現之磁場，一切時空皆磁場，磁場即是生命的願力，時空非時空皆為磁場之變現。

磁場解碼即是人世間解苦過程，磁場非知識理解的定義，磁場是生命解除恢復自然存有的本能定位，磁場不可說，磁場不被相對性所衡量，磁場回歸自性終極。存在本身即是磁場無量。

磁場解碼，密因密碼，密碼密因，解苦解難，解碼磁場。

磁場解碼，一切關係因果，生命恢復，角色定位，磁場解碼當下。

磁場解碼，人生解苦，磁場願力，解一切慣性。

磁場解碼，共同解碼，解碼相對性，一切回歸磁場本身。

磁場無量，無量磁場，磁場非磁場，磁場定位一切正法清明清淨，能力能量，角色願力，皆因磁場之本身清明清淨，人世一切，自在轉化，磁場肉身，密碼解密藏，磁場宇宙，

磁場輪脈，共願生命，共同起舞，磁場圓滿，莊嚴磁場，磁場在無量諸國土共成無量生命自主之國度。

如來磁場在人世間的作用

問：可否說明正法的磁場在人世間的作用？

磁場本身有它的終極性，就是自性如來，另外一個狀態是，自性如來在某一世所扮演的角色，這是從解脫與恢復的角度去看，從圓滿去看。但是當肉身在世間並沒有恢復的時候，就會有無量劫所累積的一些狀態，透過肉身、慣性身而反應出來。所以，內在如來有本份與責任要去引領肉身恢復，解除覆蓋。

肉身處在世間裡各種不同的特殊關係中，比如說，你會覺受到你父母、親戚的生死與苦難，**當你感同身受的時候，那種狀態就等同於你本身存在所受到的覆蓋，這樣才有機會得知並解除你過去生累積的各種負面能量**。而我們無法預設在我們無量世界曾經有過怎樣的經驗，也無法預設覆蓋的狀態有多少，它是無法估計的，它也是會痛的，是我們在意的部分，這些都是一種能量的存在，能量本身的圓滿是不生不滅的。所以，如果我們要肉身百分之百恢復的話，就必須把覆蓋的部分拿掉。

同樣的道理，在恢復的過程中，內在如來會引領你在這一世一切關係裡面無預設地迎接一切當下的對應，這不是一種修法或修練。當我被牽動或覺受到的時候，都當作那是我自性被覆蓋的部分，這樣，我才能體會到在過去生我曾經與別人連結的因緣果報。解除覆蓋後，生命的格局才會不斷地打開與恢復，但是，我們不必一直去思議或追蹤有哪些覆蓋，只要觀照自己被牽動的那個當下就可以了。**那些被牽動的地方就是不圓滿處，就是苦難形成的因，然後，要在當下將它們放下**。

我們感念在那些特殊關係、血緣關係中的有形、無形的眾生或親戚，當覺受到他們的時候，我願意將所覺受到的給解除掉。**在解除的當下，你同時會恢復你的能量，然後就不斷地茁壯恢復，所有的過程都是通往圓滿確定的狀態、自性恢復確定的狀態**。這裡面有它的輕重，但只要是對應到人、事、物的生死，他們都是企求透過你而等同於你恢復的確定點，一旦你確定，他們也跟著確定。這就是**當來下生的正法**狀態，就是**萬靈歸位**的狀態。

你本身在過去曾有過交集的正、逆向的人、事、物，也都要讓他們恢復。如果你是一個有大格局的人，面對廣大生命的時候，不管是在有時空或非時空的狀態裡，你總是都要有一個基本的面對一切存在的角色定位，同時也需要某些善護、提點與加持，這樣才能圓滿，讓你的力量恢復。在面對裡，感受到自己的苦處與他人的苦處，然後在震盪當中，得到等同生命、等同自己存在的那一些有形、無形的夥伴們的加持與善護、共振、共鳴。

這一切都算是磁場裡的能量，那些共振的存在都算是本來妙有本身存在的對應，都是能量顯現的狀態，那都是磁場，都是能量，只是透過不同的次第與層次在解除苦難，以確定沒有承受的恢復。

以內在如來磁場轉化一切慣性

問：正法磁場的運作與改變自己有什麼關係？

終極面對之不可說，可說的都是有時空的狀態，可說的都是一種牽扯的陳述性的慣性，它是以慣性在遞增慣性。

慣性是一種磁場，遞減或遞增慣性的過程也是磁場，人的狀態就是慣性的狀態，就是磁場的狀態。

世界上存在著人與人、人與萬物、萬物與萬物之間各種不同的對應，那都是磁場之間的對應，現在的人類因為被一層一層的慣性覆蓋著，已經失去了以內在如來互相對應的能力，所以，大部分人與人之間的對應，其實都變成是慣性與慣性之間的對應。

比方說，太陽系的每顆行星不斷地繞著太陽轉，每顆衛星又繞著行星轉，那也是一種慣性的對應，雖然它會有成、住、壞、空的過程和循環，但想想看，那需要花多少億萬年的歲月才能完成一個循環呢？人類自身是有能力觀照、轉化自身慣性的生命形態，但是一旦慣性變成一種習慣，成為固定的模式，我們就在生活中執著在固定的軌跡裡，重複地環繞，重複地糾纏，不知何時才能意會變動的可能，就好比是繞著太陽轉的行星一樣，也不知要輪迴多久才能回歸到自性海。慣性的人類做慣性的事、過慣性的生活，就算再怎麼修，跑再多道場，參加再多讀書會，也依舊是照著原本自身的慣性在修，越修慣性越重。如果你是位道場主持人或家族中、單位中最重要的人，你若是慣性大，那更不得了，就像個大太陽一樣，牽引了多少顆行星與衛星跟你慣性與慣性互動啊？

我們若放不下慣性，就會受到慣性干擾，直接會承受的就是我們身邊最親近的人，不管有形、無形的生命形態，法緣越近的，受到的干擾也越大，影響力越大的，干擾他人也越大，除非當中有人願意開始改變。

跟身分、地位都無關，我們最重要的就是能不能夠真正改變，而其中最困難的是在於，受綑綁的那個部分如果不做鬆動的話，難不成我們要一直帶著這些這麼重的牽絆來問生命深刻的內涵嗎？

慣性是一種磁場，它反應了自身的問題，也清楚照見生命中不能自主的部分，若不將慣性轉化掉就永遠無法自主，永遠是痛苦的。**轉換慣性就是改變磁場，不只是為了不承受，更是為了恢復內在本然俱足的力量——那就是如來性、佛性**，才能無罣礙地、不往外地清明生活。

所以簡單來講，**磁場的運作就是幫我們轉身過來直接面對內在如來，不再往外，而拿我們自身的慣性與問題直接面對內在如來的力量，面對終極的自性——那是如來示現的能量與磁場。磁場的運作，就是把人性牽扯其中的因果，做個清淨的解除，磁場的收圓，就是解除慣性的綑綁。**

一旦你轉過來了，你身邊的人才有機會調整，整個生命自然而然就能夠動起來，要不然彼此會一直互相綑綁無法動彈。當你的生命開始轉動，一切就會跟著轉動。

人類容易落入相對性時空的慣性，人類的落入慣性，必然在生活中形成各種執著的情境，那都是製造負面能量的因，現在人類的問題是在於建立太多的負面能量，不論有形、無形都存在於當下的生活中，**不轉化就是永遠的承受**。

磁場的轉化能夠解除相對時空的對應模式，慣性的世界，應以磁場本身的相應，做為反應於解讀苦難必須的操盤。

唯有當來下生彌勒正法的磁場力道才能消化一切負面狀態，能量的磁場可照見各種層次的問題所在，以磁場的了然做慣性的轉換，在生活中恢復如來性，以磁場的轉化做為無干擾的生活基礎。

無量時空的存在，就是無量問題之所在。如來的磁場能對無量的問題做一個全面性的

吸納，一種萬有終極的磁力，無分別地把所有時空的問題全部納入，等同等持，收圓在自性如來的懷抱中，令一切生命能安住與定位在如來的本位上，這是如來磁場的根本奧義。

磁場的變現，俱足一切苦難的解除，磁場力量的回歸，就在於我們如來本性的根本之處。

磁場收圓了無量場合有形、無形的狀態，在過程中，為一切的生命轉換，做無盡磁場時空的調整，磁場的志業與妙用，也在生命的恢復中，逐一的回歸自性海的世界。所以，磁場是如來力量在無量世界令一切生命安頓回歸的總持。

唯一的如來，終極存在的如來，**當我們本身完全直接轉換慣性的磁場為內在如來的磁場時，就完全不再落入任何無邊無量的時空。**

人類也應以能量的磁場做為生活上應有的知見與態度，**整個世代的人類要懂得不往外的行為，才能不遮增多餘的情境，人類世界的磁場才能穩定。**

世界轉動是為了生命的演化做準備，世界的磁場會改變，跟外在的條件都無任何關係，震盪的當下，就是你我磁場正在改變的具體事實。每一個人，都要有誠意改變，才能鬆動綑綁的部分，不管生命中曾經有什麼沒有什麼，人要懂得為自己做出重大改變的決心。

此一世代，**如來的磁場，以當下放下為主。一切的眾生有染的情境，都必須大捨，人**

類才能更新，才能再造，不管內外一切磁場的能量，才能令生命自主。

人類轉化是必走之路，人類有能力，卻以慣性傷害了自己與萬物。**磁場的轉化過程，就是化掉所有不能承受的部分，收圓往外的模式，解除相對的征戰，這樣的世界，就是磁場所要展現的中道時空。**轉化的時空，磁場的變革，不落入的、不往外的磁場轉化，必然能解除所有的承受。當自己主動面對時，磁場自然轉化，在生活中開花結果。

宇宙的存在中，有著各種能量形式的磁場，宇宙的變化過程，都有各種生命進化所必然的改變，生命的變動，也是各種磁場的變現過程，生命的演化就是磁場的轉化，**磁場的轉化就是人類的進化**。

宇宙有磁場，生命有磁場。存在的因果，就是磁場在無量世界展現如來力量對生命進化過程中功德力的操盤，這是非常明確的。

回歸到我們人類自身，人肉身的一切狀態俱足一切磁場的狀態，人與人之間生活的一切狀態，也是人與人一切磁場的對應。但**回歸的收圓磁場，是在無量時空生命各種狀態趨於整體變動下，由終極自性之如來直接在人類此一世代的道場中示現正法之磁場，以當來下生彌勒正法的磁場，全面性收圓無量宇宙、無量時空、無量生命回歸自性自主的最後莊嚴實相自主之路**。

迴向祖先——迴向給過去的自己

問：祭祖的傳統與迴向祖先，其用意為何？

當有如來正法要透過某一個人或某一個範疇顯現世間的時候，天下會有大赦，苦難都得解除解碼。

無量的祖先，是無量過去的自己，無量的子孫，是無量未來的自己。

祖先的過去，祖先的慣性，就是自己的慣性。

面對祖先存在的過往，就是面對自己過去慣性存在的過往。

我們應以變革自己的不安恐懼，在當世的生活中得自性的功德，迴向祖先等同迴向自己。

歷代祖先無形的存在、無形的訊息，都是恢復生命切入的提點。

這時候重要的有肉身的人，與他過往一切有過交集的生命，無論好好壞壞，都會在他過往曾交集的通路裡得到這樣的訊息。然後會有重大的鋪陳，讓有交集的無邊無量的生命在這個人生命恢復的過程裡面也能分享他的功德。

歷代祖先就是最直接與他過往有交集的一群，必須迴向給他們，在無量時空裡面，把

過去好好壞壞的交集全部解除掉，讓大家得到共同的功德與自由，恢復自主性。

歷代祖先就是自己歷代的傳承，一切的交集，永世的無量世，每一個世代的祖先，每一種轉換，都是自己在過往時空生命進化的過程。

歷代祖先存在的事實，應以不思議解除其一切因因果果，祖先的歷代鋪陳都關係著無量生命示現的功德，其德之本義，在祖先本我之了義，祖先是傳承，是法脈。

歷代祖先，就是歷代的自己。

歷代祖先的因果，就是自己的因果，是修行，是面對，是角色歷代的扮演。

歷代祖先是自己存在根本的宗旨，是自己的無量存在的驗證。

歷代祖先，關係著當下祖先世代有關一切生靈的曾經應對各種世代的痕跡，令我們自己等同存在於各種世代的時空，成為生命恢復的提點與資糧。

歷代祖先，就是歷代的生命、歷代的如來，反應著歷代的自己應照見的問題、應演化的課題。

歷代祖先，可說的皆已不可說，我們應以內在的生命覺受所有歷代祖先的初衷與本意，做為莊嚴自己身、口、意的內涵。

解除情綁，解除人性的綑綁

問：為何要解除情綁？

你必須把過去被攀緣的關係先做一個不被攀緣的前置作業，先將它們消化掉。也就是你個人跟其他任何人的關係，要做善了。

攀於無所，無所當下，攀無所攀。

人情事故，人之於一切情境，解一切慣性。

攀緣之緣，緣起於生活，生活之密，在於觀一切攀之思議。

比如說，釋迦牟尼佛的十大弟子，神通第一的是目犍連。當他的母親往生之後在枉死城裡，目犍連以神通覺受到。然後他跟世尊溝通，他想要用神通把他母親從枉死城中救出來，因為他覺得他有這個罣礙，覺受有所干擾，無法圓滿。當時世尊向他表達，這樣是不如法不究竟的。但是目犍連不懂，當他用神通將母親從枉死城中救出來的時候，母親的靈魂只要一離開枉死城就化為血水。救了幾次後他才知道，這樣是不究竟的。後來他去問世尊，世尊才告訴他答案，大概的意思如下：「你用神通去救她，你就會有所承受。當你覺受到母親的苦時，你要將思議母親的生死相而承受不住的那一部分給放掉。在放掉的過程裡，你就是在減輕母親在枉死城裡受苦的狀態，因為母親的受苦與你那一部分的覺受有交集。所以，當你本身懂得不往外的時候，不是用外在的方式與能力去處理，而是從自身下手，去察覺到自己對母親的生死相還有哪一些干擾到你，那是因，而不是要去救母親生死相的那個果。你受干擾受牽動的那個部分，就是你與母親還未了的部分，因此你才會承受。」

無量之因緣法緣，無量之因果，不落入其中。

情緣法緣，皆為傳承之互動，在於照見，方能自解其苦厄，解碼其密因。

情緣，一切緣，無量情，無量境，畏因了義，方能清淨。

無為於情，無我於緣，隨情自在，隨緣自主。

情緣之深，緣於情境之執著，一切緣轉化納入生命之恢復。

同樣的道理，可以來看我們在人世間的所有關係。今天我們就拿母親來做例子，我們與母親的對應讓我們承受到的那個本身就已經是在給我們機會。在一般生活的對待裡面，我們被牽動的部分，要懂得將它放掉。放掉的過程有兩個層次，第一，我解除了在我身上那個因，在還沒解除之前，我還會不舒服，解除了之後，內在的力量就會漸漸恢復。如果不在母親還在世的時候解除，母親若走了，她的靈魂也會在其他地方承受。而當你放掉了，不再丟任何狀況給母親的時候，也減少了很多來回的震盪。所以，母親用她的苦與不圓滿，讓你了解到你還有哪一些承受，如此一來，對這一類的課題和與母親類似個性特質的人、事、物你就能夠超越，然後你就能不斷地完整。

在當下或過去生中，我們所對應的人、事、物裡面，有兩種切割，第一種是對外在的切割，另一種是自問自答的切割。自問自答的切割就是已經沒有這種進出世界的過程了，我們因周遭人所承受到的干擾，不必像目犍連一樣，用各種入世方式，如人脈……等等去處理，因為這種方式又會延伸更多的時空感與其他人、事、物的牽扯，我們會變得更辛苦。當你解除自己受牽動的那一塊時，對方也會減輕與你有共振的那一塊，剩下的就是對方與其他人的牽扯，與你的則會淡化掉。在淡化的過程裡，你也能慢慢地轉識成智，恢復自主性。

當下人際，一切人緣，生活供養，無量牽動，智者放下，不動如山。
一切行為，行於無所，為於無為。
人際變動，人性牽動，人我無分，人人無我，我即人人。
一切人之事，一切人之法緣，慈悲之愛，應與自身之自主為回歸之原點。
人性個性，人際法脈，人性傳承，傳法生活，因果不二。

當你解除情綁之後，我們周遭的人、事、物就會慢慢移動，你也會有更多的機會。也讓你們在無干擾的情況下，逐漸去面對自己過往歲月累積的傷痕。傷痕無傷，歲月之中，自然有的是解除情綁的機會，在面對的流程中，無消耗的逐漸恢復生命自主的契機。

生活共願，無綁於人際，無綑於人性，自由生活，自主生命，歲月無傷，一切自在。

生活共同，共不同於人之課題，人之面對。

不可思議之情，中道之示現，還原一切諸有情，入人本之初衷。

人之生活生命之意願，無量之心念，念念在生命之自性。

生活之果，生命之因，人與人，情與境，一切皆當下之不二之共生死。

生活的攀緣，生存的枷鎖，困住的是人自身的認知，智者知苦，無智者為慣性所覆蓋。

生活之生滅，生命之不生不滅，人之因緣，一切都在取捨之中，逐一進行。

一念當下，皆放下。

情綁不上身，情緣自了之，生活自主，生命自然。

以此莊嚴人性之存在，解除一切情綁，解碼一切情義。

我我皆本我，人人皆自性，如是生活，如是自在。

第三章　生命自主

萬民之民，萬民非民。

萬靈之靈，萬靈非靈。

萬主之主，萬主之救世主。

萬法之主，萬世之主，萬有之主，萬靈之主，一切之主，當下之主。

主一切無上，主一切示現，主一切變現，主一切改變，主一切而一切自主。

主無量主，主中道主。

主不思議主，主圓滿主。

第一節　中道

中道，等同等持

問：可否簡單的講一下中道？

我們有時是對應一人，有時是很多人，對每一個牽動，無論有形、無形，無論哪一種習性、哪一種混亂、哪一種圓滿，都沒有關係。會牽動我們的，不是只有苦難而已，還包括圓滿，如果佛菩薩來，充滿法喜，那也是一種被牽動，這才是最難的。

中道，不落入相對性，不落入無邊無量的相對互動。

中道，是正法的收圓，解除無量世界相對性的牽動。

中道，覺一切有情的過程，就是中道的本義。

當生活的一切被牽動的當下，我們觀照，有意願的放下，而令內在生命的動能生生不息，就是中道生命的覺醒。

什麼叫中道？**中道是順向與逆向時，都有等同等持的察覺**，要開悟、覺悟，都先要有察覺，而覺的基礎是觀，觀察我們還有哪一些不穩定的雜質，所以中道本身並不落入順與逆。順的時候更可怕，因為順的條件若都是順著我們的意識形態的話，那就完蛋了，所以，大智慧的人在順的時候會有更深的畏因，而不會被順所矇蔽。而當逆的時候，就已經知道是敵對的、可怕的、殘酷的東西，人在自然模式下自會提防，這很正常。

中道，在順當中，覺一切，在逆當中，覺一切，順即逆，逆即順。

中道，不二法門，等同等持無量形式。

中道，在一切法而不在一切法。

中道，在一切問而不在一切問，在一切答而不在一切答，一切自問自答。

中道，不離世間覺，而世間一切自覺。

基礎在於等同等持，在順逆之間，自己的慣性或所受到牽動的部分全都消化掉，這消化掉的過程就是收圓的過程。收了圓，才能圓，而圓之前，先要平。每一個人在每一天如此進行，這就是世尊如來，厚度就會建立起來。

世尊如來的正法之行，就是中道所在之處。

中道即中觀，即中脈，即本我之心。

中道，收圓一切，一切自收圓，收無所收。

中道，一切自主之道，無量自主之路。

中道，回歸自性之道。

負面能量的逆向衝擊

問：如何面對與理解負面能量？

在我們生命恢復的過程當中，可能會察覺到很多在夢中、非夢中，或半睡半醒中各種不同的負面覺受，或者也有機會去面對生死情境下的某一些複雜的內外心境。若你能夠超越這些很逼真的負面覺受，而不管這些心念與磁場的負面狀態到達什麼樣的程度，都代表著你正**透過負面能量的逆向衝擊來增強你的身、口、意在面對無量世界中各種不預設對待的承受力**，以打破你原有的限制與框框，你在無形界的任何框框都能夠因為這樣而得到重大的轉換。也就是說，你能夠有機會知道當你能承載無量負面能量的時候會是什麼樣的。

能量之逆之負，等同於能量之順之正。

能量，本覺之衡量，量之以無量，量之以無所，量之以本我。

能量之逆向，打破之方向。

能量之破，在逆之以密，密之以功德力，破無量之慣性。

無量慣性之破，無量能量之恢復。

因為你有大的格局，就有一些法緣透過你間接地反應出來，當負面能量能夠來供養你的時候，是代表你有機會承載更大的範圍。我們要從這樣的初衷與善意去看這件事，而不是認定只有諸佛菩薩來才叫做好事，不是這個樣子的，這是有分別心的知見。我們要對一切負面能量的對待起感念之心：「啊！現在我知道，我還是會被牽動。原來當負面能量來的時候，我還有一些尚需被震盪出的不圓滿來提點我，無論它是間接、直接，或無量間接或無量直接的負面能量。」

無量之逆向，無量逆一切之轉化，逆之所在，能量無量密之所藏。

無量之逆向，無一切可預設之正反方向。

無量之逆向，涵攝無量生命不可思議之深度。

逆向正法，正之以逆，一切方向，逆向無上。

所以說，**無量逆向的負面能量就是我們無量不可思議的逆向金剛護法**，它會示現出各種不同你無法預設的負面情境、負面對待……，來觸動我們無法預設的變數。

逆向觀照，觀之以逆，逆轉無量轉，逆自觀，逆無所。

逆之本義，逆無所逆，逆之狀態，非正之中道觀之。

能量以正以逆，量之以逆以正，本能覺之，順逆之間，正法等同。

我們人類的大部分經驗都是在某一種框框裡面，而這些負面經驗就是在打破我們人類一般的經驗狀態——那就是，我只能接受一定範圍裡面的某些安全範圍。當很多的路、很多的圖騰、很多的情境若超越了我們所熟悉的範圍的話，我們就會開始不安了，無形界的對待也是這樣。所以當某些安全範圍被打破的時候，當它嘗試要你改變的時候，就是在給你更大的機會。我們要有這樣的心念與了解，不要認為那是迷途或單純的妄念而已，那是授權給你開展更大的可能性，無論在有形或無形的範圍。

心念之逆，行為之逆，逆於天下，逆於當下，逆之一切，思議不可。

逆之不可思議，逆之妙，破一切落入之正，無染而逆之，妙法而逆之。

當下之逆，逆向放下，放下於逆，順之於無上。

無上之逆，逆之無上，正供之，逆養之，供養於順逆之間。

在這種狀況底下，我們要全然的去面對，即使在變動當中也能讓自己穩定住，然後在每一個過程裡面逐漸深化到無邊無量。然後無論在有形界或無形界，所有我們覺受到的超乎想像的逆向狀態，就都能夠消化掉、解除掉、圓滿它。那樣，我們所有的不安恐懼都能夠獲得平撫。

逆於如來，中道順之。

逆於無量，無窮平之。

逆於不等同，共同同之。

逆於有形、無形，平於無上大行。

逆於生活，平於生命。

逆於果，解於因。
逆於死，覺於生。
逆非逆，無上逆，中道逆之。
能量之逆與非逆之間，正法生生不息。
能量之無量，能量之無盡，逆一切處，無盡深化轉化。
逆向提點，密不可深之納入。
莊嚴之逆向，破無量深層之障礙。
逆之處，密藏之所在，諸佛之所，密諸佛之存有。
逆密非逆，密之正法，藏之於逆密之藏。
人類無上存有，逆向之不可思議。
逆向之當下，無關當下。
逆向提點，當下即自性之時空。
空性之無上法妙，妙之以逆向示現，逆一切而順無量之諸國土。

觀照，不被牽動的身、口、意

問：如何在生活中不被牽動？

人類現在最大的生活困境，是在於沒有一種在活動進行當中對行為本身的觀照能力。在每一個當下，每一個人都有他肉身行進的某種特殊的訴求與需求。但是因為缺少觀照的覺醒教育，所以往往在彼此互動的行為過程中，造成了很多矛盾與衝撞，造成在各個生活界面的彼此不尊重、衝突與干擾，包括人與人之間任何關係的對待。這樣的狀況就是因為缺少了一種觀照的教育與涵養。

生活之因，畏因於一切當下行為。

生活之因，尊重世間所有不可預設之對應與對立。

生活之因，因果之重，有傷無傷，皆在生活當下之任何可能的狀態。

生活之因，生活之觀，在於照見本身訴求與需求之間反應之問題。

生活之因，生活之不可思議，無干擾，無消耗，生活本義生生不息。

所謂**觀照就是在進行當下能夠有不被牽動的心，不被干擾的身、口、意**。這是人與人之間應該有的基本尊重與生活教育，也是人類對彼此的尊重。在各種不同的可能性裡面，不管是任何狀態，都應該遞減干擾與傷害，如果忽略了，就可能會形成重大的傷害事件，或變成社會當中一種逆向的衝突事件。所以，我們在日常生活中的每一個進行的當下，都要有各種粗細行為的觀照與自律，這是**莊嚴自身的戒定慧**，在穩定當中保持著觀照。

生命之不可說，身、口、意之教，教之以無分別。

生命之不思議，無上育之，教之以慈悲究竟。

生命莊嚴，莊嚴生命，眾人之密，生命覺之。

生命中觀，共願之意願，供養所有苦難之提點。

觀照生命，任何狀態，自覺覺他，覺於不動性，因果自解除。

因果教育，宇宙真理，教之不預設，育之以自性傳承。

生命傳承，生活傳法，生命了然生活，生活了義生命。

以自性教之，以中道了之，如一如中，道之以中，教育等同等持無量中道。

肉身其實就是我們本身存在的慣性之身，所以，每一個行為也都代表著我們自己的狀態是什麼。當人類缺乏自覺、自律與觀照的時候，就很容易往外訴求或投射，不擇手段地滿足自身各種不同的慾望，用盡很多手段去追求，甚至掠奪。在這樣不斷累積的狀態裡面，已經完全忽略了人與人之間，人與萬物之間不互相干擾的基本尊重。這種依慣性而為，毫無觀照能力的生活方式，就是在消耗人類在地球上共同的一切資源，更是覆蓋了人類自身的覺醒能力。

覺之以中，能量如一如中。

眾人之間，眾人當下，中道和合，如法如中如一。

中道教育，教育中道，一切道一切中，無量之因果，無盡之教育。

苦難自身即是教育的示現。

生、老、病、死，育之以教，無形有形，觀一切教化無量。

等同等持之本心，傳承教育，解除無量慣性，令一切不等同之類別，能如一如法如中道。

人類在每一天的生活當中，都能夠互為世尊——世間尊重，而後才能夠自主。對每一個當下進行的動態都能夠不耗損的、精進的、分享的、不互相干擾的來對待人際關係，是人類所需要的非常重要的生活教育。

生活教育，悲智雙運。

生活教育，生命本義，如來如一，中道教導之。

生活教育，教之以生命之尊重，行為之自律自莊重。

生活教育，育之以如來，育之以納入，育之以覺自身之變革。

一切無上教法，法之以世間尊重，苦難即無染之教，生死即無我之行，生命自然成，教法傳天下。

共眾生之本願，盡虛空之自主。

中觀慈愛無量眾生，中道共願無量傳承。

不動本心，宇宙之不可思議。

世間尊重，盡一切處，生活之教，生命之育，萬物萬有，如來等同，世尊等持，共同於地球，共不同於生活，共圓滿於生命，自性教育，中道收圓，空性無上莊嚴之。

在其中不在其中

問：可否解釋千手千眼觀音的圖騰所代表的意義。

中道的正法運作是在於**「在其中」與「不在其中」的當下等同等持**。以千手千眼觀音菩薩的圖騰來講，她的手與眼睛也就是千手千眼，是入世在其中的通路、運作與觀照，在一切眾生當中的運作與操盤。但是她的主尊本身是不動的，站在蓮花座中的不動位上面，所以也等同於不在其中。她在心輪處合掌，代表她本身的心輪穩定而不承受。

一切的輪脈，就是一切的法脈，就是一切的傳承。

一切的輪脈，就是無量的法輪運轉。

一切的輪脈，是一切主的通路，一切回歸之路。

在其中，就是不在其中的在其中。

不在其中，就是在其中的不在其中。

一切輪脈，無量密藏，一切妙法之所在，輪脈之密因，是主之示現的圖騰所在。

因為她中脈的心輪穩定，所以能讓她的頂輪不斷地往上延伸，使她在運作千手與千眼時，也就是當她面對苦難世界解除眾生的諸苦與慣性時，都能隨時隨地在大的法輪運作當中，非常清楚地確定她各種不同次第的覺受與所需要的解苦方法。

一切輪脈解碼的過程，一切眾生解苦的過程。

肉身的身、口、意，俱足無量輪脈，都是自性如來恢復的切入點，千手千眼觀音手上的千眼，都是有形、無形的輪脈所在，令運作大自在的關鍵所在。

那就是她不在其中的厚度，不承受一切在其中的承載。在世間一切的承載透過千手千眼的通路回歸到她身、口、意的本源的當下，她都能夠如實地不落入其中，而確定她不在其中的重要的不動的本位。

不動的本位，就是不承受的厚度。

不動的本位，就是蓮花無染的本位。

不動的本位，就是一切法輪運作根本之所在。

不動的本位，就是諸佛菩薩出世入世的定位。

主的親臨，就是以不動如山的磐石，令一切生命動一切處，而體會不動的、無傷的、不承受的行走之路、自主之路。

所以，以中道來看，在其中與不在其中等同等持的基礎非常重要。

千手千眼觀音的本尊不在其中，但她的手由背後伸出來入世而在其中，她運作出去的整體能量與狀態等同於不在其中。每一隻手的進出也都是在其中而不在其中的，雖然每一隻手與眼睛是入世的，但等同於位於不動地的本尊，具有不在其中的內涵，是非常確定而不承受的。而她那位在不動地的本尊也等同於隨時在入世的手與眼，對當下的大千世界清清楚楚。所以，這也能說明，一即一切，一切即一。

一即一，一如一，一本尊無量本尊。

一切即一切，一切如一切，一切非一切，一切如來如一。

不動之一，萬動之一切，不動之如來，示現之萬佛。

法輪不動如一，一切輪迴自主。

在高處不在高處

問：人與人之間有高低的分別心，如何看待？

一切的愛，在一切的痛處。當我們超越的時候，不能離開我們苦難的本位，真正的超越沒有離不離的問題。我們在恢復的過程裡，會有恢復的次第，但是當我們有某種超越的意識時，會有一種遠離的想法，以為自己精進成長。我們會不斷提升，但提升不是讓更多苦難的眾生沒有機會，我們要有一種更大覺受的深遠之愛。當初我們會來到這個世界的初衷，就是要讓一切生命能懂得自己拔一切苦，因為有此初衷與本願而承願再來，讓眾生有一個可攀的機會，讓他們在我們恢復生命的示範過程當中，懂得如何放下自己的攀緣，這才是真正重要的。

你正在示範這個過程，所以祈請你不要因你本身的覺醒與恢復而遠離了眾生，因為如果你站在如來的高位上，會變得更加高不可攀。真正的圓滿是沒有攀不攀的問題的，**我們既在高處，也不在高處，我們在眾生的苦難之處**。今天若沒有諸苦，我們如何能知道痛？如何能懂得精進？如何恢復自己生命？所以，**所有的痛處都是如來的提點，苦難就是如來**。只是因為慣性蓋住了，因此無法如來。

在恢復的過程中，有時會落入一種清淨的範疇裡，那樣會讓你的許多眷屬無法跟上。

真正的恢復是在不斷的前進當中，也永遠不離苦難的本位。當我們在恢復的過程中，不能落入精進的相，如果落入了精進相，就會遠離了眾生，這樣，眾生如何能有恢復的契機？因為他們碰不到你，該怎麼辦？所以，我們的情懷是要**覺有情而無染，無染於一切苦難處**。

我們要呈現出解苦的內容，哪怕只是一首歌，一本書，或其他具體結緣的通路，都必須涵攝諸有情。有染的眾生與有染的情境，終究要有一個切入點，這是我們最起碼的評估。

沒有離不離的問題是中道解碼與恢復生命的重大契機，也讓眾生在你恢復過程中永遠可以有機會。我們恢復生命是為了要善護一切的苦難，所以，要察覺到眾生苦苦等候的狀態，才會有真正的圓滿。

無壽者相——不落入時空的了然

問：人類如何不受制時空？

在人類苦難的角色與視野裡面，是看誰生了誰，如：「生」的這個肉身，與「被生」

的這個肉身，都是以壽者相的狀態來決定輩份。但是在生命靈魂深處的修為與狀態、願力的層次，不見得是要這樣看。

有時候，是這個家庭的苦難在最終的法緣裡面懇請那個力量來臨到苦難之處，那是祈請而來的。因應這祈請而來的力量所誕生下來的肉身並沒有所謂誰生了誰的問題，因為他是應苦難而來的，他是要來引領苦難的人回歸、還原的。當這樣一個終極生命誕生的時候，他的生命並不是以被生下來這樣的角度來看，而是以他被生下來的這具肉身裡面的靈性恢復狀態為他的自我解碼，因為他的靈性已經逐漸超越生死、生滅。所以，在他恢復生命的過程中，不落入時空、生死對待，不落入年齡、長幼……這樣的**無壽者相**的覺受會一直在他的存在裡面。世界之於他，並沒有來去的問題，也沒有消失的問題，或生死的問題。

但是，畢竟來到這個世界的一個基本盤，就是要透過誕生。存在於一個有限的肉身或其他生命形態裡，「誕生」這個過程還是需要的，還是存在著的。一個圓滿的生命來到這個時空與肉身之後，當他生命恢復時，自然會超越了誰生下誰、誰是誰的長輩或晚輩的這種壽者相的對待與區別，超越了生死相，超越很多表面上的時空。之後，他還要有更大的智慧去消融，消融的過程裡他還要解碼，解開這中間的一種綑綁，讓祈請他生命來到、生下他肉身的這個家庭有機會解碼，讓他們自己只要有這個心意與善巧，他們自然就能逐漸地走上解除苦難之路。

我們再想想看，如果不走宗教的路，整個華人解除苦難的主要流程會是什麼？華人約定俗成的基本互動模式，與社會的主流架構、意識形態，就是**修身，齊家，治國，平天下**，這是華人的傳統。也代表著這是大部分的生命從無量的星際來到了中國之後，在彼此的對待裡面，面對這數千年的文化而自然形成的一種接受或是一種公約。所以，在這樣的時空感下，自然就會以修身，齊家，治國，平天下的方式來表達。因為大部分的人仍是落在這樣的流程裡面，他們需要這種形式來面對生命。他們可以先在某一個框框裡，也就是這種模式裡的每一個流程來檢視自己在哪一方面還不夠圓滿，然後去面對、處理，還原自己生命應有的樣子。這樣，他們才比較容易從這當中的各個不同層面一步步拉回來，因為他們還沒有辦法直接以不落入時空的方式來檢視一切，至少大部分的人是沒有辦法這樣的。

在終極圓滿的狀態，不落入一切時空，但也要對一切時空的流程有一種情懷，而不會被牽動，我們要了然，觀照，不被牽動，然後在終極把圓滿的法流與內涵分享給那些還落入時空的人。在他們的每一個流程裡，引領入他自己的中道，入他的國度，讓人們能夠互為世間尊重而逐漸恢復自主，讓中道的國度能夠開花結果。他們需要這個過程，需要這個既存的某種他們能理解而且能讓他們攀緣的名相或狀態，然後逐步解碼。在每一層次與次第中做改變、質變與改革。

在不落入時空的終極裡，能夠一目了然，對一切時空現象很清楚。但當我們的基礎不夠的時候，如果看到了一些落差，例如看到某些仍在時空中的人還在重複運作一些無用的瑣碎之事，就可能會產生不耐煩，希望他們趕快跟上來，或者乾脆認為他們根本就跟不上。若有這些高標準的話，反而變成了我們落入了他們的時空中，這是我們自己內在要去察覺到的事，一旦察覺到了，也要趕快把自己拉回來。只有不落入他們的時空，才能回應他們時空中的不圓滿與仍在時空中運轉停滯的那些狀態，這是我們的善護與心意。

但是，**在時空中的人終究仍要走上打破時空之路**，這是絕對必要的。只是在世間法的一切仍得交給他們的自性力量去評估，因為裡面牽扯到過往數千年的牽絆與無量星際中不圓滿的彼此爭戰。他們在改變當中又要同時聆聽重要的法音，難免會有辛苦之處。我們在終極中，對他們有善護的心意，在穩定不動的終極金剛性裡面，分享給他們終極的內涵就可以了。

第二節　生命恢復

告別過往

問：生命恢復是否需解除過去的一切干擾？請問恢復生命的關鍵是什麼？

告別過往是代表對當下的確定，對過去可能對當下的干擾做一個徹底的解除。尤其是內在本我的表達，甚至有終極護持的力量在一個對應的狀態中解除過去某種病相的承受。真的解除才能真的告別，告別什麼呢？告別情境，告別痛楚，告別某個舊時歲月的我的某個不圓滿的碎片，那都是真正的告別。

生命恢復，恢復生命，收圓碎片，碎片自收圓。

生命恢復，恢復生命，生命生機，出離過往，解除慣性因果干擾之狀態。

生命恢復，恢復生命，生命密碼，密行解之，情牽之因，慣性之果，永不承受之決心。

但是在告別的時候還會有一些情牽，那就是過去的記憶狀態仍對當下有某些干擾，或者你仍有罣礙以及尚未解除的痛，那個稱為因。所以說，真正的告別其實是自我拯救，告別了過去的因和殘存的痛苦與干擾，才能當下成為自己的救世主。如果你想要自主，就必須對自己的世界做整頓。過往的狀態只是這一世的某個階段而已，而過去的無量世都要在當下存在的我進行終極的告別，這樣才能有恢復的機會。沒有告別，哪來重生的機會？沒有告別，怎會知道讓我們所承受的果的那個因是要提醒我們些什麼？

生命已俱足，生命已存在，生命已本然，生命已了義。

恢復之生命，無外在之法，自然無為，無關而妙自在，生命自整頓，整頓一切苦厄。

生命本畏因，覺一切果之畏因，生命本覺，覺之本身即自性之生命。

我們常講不落入現在、過去、未來，而不落入過去，是為了要讓當下的我們沒有任何干擾，也為了能讓當下純粹地進行恢復生命的大業，也才能有利於未來所要進行的事。所以，告別過往，是何等的尊貴，何等的神聖，何等的不可思議。

生命不落入，過去是生命，未來是生命，當下一切生命生生不息。

生命本質，本然生命，尊貴之神聖，生命之生活，等同等持。

告別過往，是面對自己的真正解除，它是一種解碼，一種恢復。而任何波動都代表著對某些過往尚未能解除的罣礙，如果現在不解除過往的傷痛，就會在未來更加擴大地投射出去。而告別不單單只是在相上做一個處理，更要在自己的心靈記憶體裡，在一種無邊無量的狀態下，做一種反映與照見，然後將它震盪、粉碎、解除。

改變生命，生命意願，放下之下放，一切生命之恢復，而無所住於生活。

生命之愛，之情，之境，之不可說，之生，之滅，皆不生不滅之生命。

生命何價，何等生命，生命如來，世間尊重，共同自主，生命恢復於不可說之奧義示現，生命圖騰，無上自主，主之妙用，生命自主。

改變，來自放下

問：如何做到真正的改變？

思議改變本身的問題就在於思議，因為思議、思維與評估本身就是一種慣性，它的改變是平面的。努力的去改變，努力就是用力，而且是設定了某一個目標的，這個努力是相對性的，會有一個一直想要去追尋的外在狀態，所以它不在自身裡，而追求身外的狀態永遠是辛苦的。

如果沒有努力與用力的痕跡，那就是來自放下，放下用力，放下用慣性評估與追尋的狀態，察覺到努力的本身即是慣性，就已是放下慣性。當人沒有辦法意識到自己的慣性時，不管他努力了些什麼，不管他有沒有達到目的，永遠都會是辛苦的，為什麼呢？因為，在他達到目的之前，就已經把他一生的能量都耗盡了，很多人都是這樣，不是得不得到的問題，而是在過程裡他失去了什麼，在他的身、口、意背後主導的是引領他意念的慣性之念，而慣性之念永遠是辛苦的。

以相對性的方式運作就是不圓滿的，我們不只是看別人的狀態，更要看自己。眼睛**觀**，更重要的是**覺**，覺我們本身在運作當下各式各樣的慣性，然後放下，直接在身、口、意裡面處理，在肉身的一切慣性裡穿透打破，恢復真正不預設、不落入的直心的能量與運作，那才是不辛苦的。

放下本身是不需用力的，唯有當你不斷地遞減慣性時，才能走上真正不消耗、不辛苦的狀態，這是中道的無為性。到最後，所有你無量劫的慣性、所有粗的、細的邊角都解除掉，你的天下就會自己示現出來。所有的存在，不管內外的一切，並不是你能思議或靠追求、努力而來的，而是來自於放下慣性之後，你真正具備的內在生命存在的力量供養出來給你的，這是整個人類目前不熟悉的狀態。

人類到現在都還不清楚為何可以有這樣的條件讓萬物以生死來供養人類的肉身，所以一直停留在相對性的、粗糙的掠奪狀態。慣性投射出去就是對萬物強烈的「非我族類」的分別心，到最後演變成不同族群間殘忍的爭戰，不斷地重複輪迴。

現在整個世界所需要的機會其實是來自於放下慣性，讓內在如來力量顯現出來，否則，再如何努力改變，也只是在舊有的思維框框裡打轉而已。

放掉有路可走之路，走上無路可走之路

問：如何走自己真正的路？

關於路的部分，我要說明一下。**放掉有路可走的路，走上無路可走的路**。所有的問題都是因為我們放不掉預設性的、有路可走的狀態，因為預設了，所以忽略了所有預設之外的契機、訊息，與所有可能通達的路，這包括了所有外在的一切，與內在恢復的一切通路，所以會斷掉設定之外所有的路。如果我們沒有意識到這一點，沒有這個知見與察覺的話，就會走上一條有限的路，如果我們有這個大智的知，我們能開發自己多少的空間與深度？空間沒有的話，就沒有任何深度。

所以，第一點我要說的就是放掉有路可走的路，有路是什麼意思？這個有路可以解釋為有染的路，有執著的路，有設定的路，而你是用什麼來設定這條路？你有沒有辦法察覺到，幾乎所有設定路的人，想要走出一條路的人，他們都是用一種慣性，一種已經僵化的框框來設定這條路，如果沒有察覺到這一點，未來的一切都是有限的，因為會受到過去包袱的干擾，過去的記憶體、軟體，和模式會干擾到他變革或走新的路時，落入了過去的軌跡。所以過去的經驗值，都會影響當下的開創與變革，而每一個當下的那一刻又決定了未來的一切。所以，每一個有預設性的路、有框架的路、受過去干擾的路也決定了未來的路

會受到過去的干擾。

因此，在當下，我們就要放下有路可走、有設限的這種狀態，要先察覺這點，要不然，你無論修什麼法或親近什麼人，你自身的狀態都還是設限的。如果你將它放掉，沒有預設性的時候，到了任何的團體，才不會落入了那個系統裡面的包袱，就算在系統裡面，你也會比較能夠看到、親近如來教法的納入與覺受，這是最重要的開始。

這樣，才能走上無路可走的路，什麼是無路可走？不是沒有路可以走，而是有了上面的基礎，我們知道這個是關鍵，所以，我們會從自身去觀本因，看到自己所選擇路的設限點，然後將它做一個調整或解除，一開始是從自身下手的，所以當下你要看到自己若有任何設限的狀態，都要將它放下。

無路就是無染的路，是一個完全沒有預設性、沒有障礙的方向。這才能有一個基本的廣度，有了基本的廣度之後，我們才有辦法承受，能承受之後，我們才能消化進入任何系統之後要成長所需經歷的一些經驗，然後在磨合、內化與轉化的過程中才能成為一種深度。所以，無路可走的重點就在於讓自己跟所有存在的可能性都產生一個把障礙減到最低的狀態，你一定要有這個知見，當有了這個條件之後，就會變成**當下之事，天下之智**。當下的每一個事件，不在於偉大不偉大，而在於平不平凡，平凡的意思就是，凡我們的身、口、意與一切有形、無形的對應，那些會牽動我們的，我們都將它平掉，如果平不掉，我們就會被牽動。

路不只是說搞一個專業、科技、技術，或人際關係，或人類在世界上的一個方便而已。如果我們心不平，就會產生一個不穩定的覺受或思維，累積到最後就會變成粗暴的、掠奪性的行為。以這種方式與心力去對待萬物，既掠奪萬物又無法善待他們，那還有什麼路可走？萬物供養你，還得要承受你，這就是現在天下的狀態。

先把所有不穩的介面平掉才是重點，平掉之後再去解讀訊息就會完全是兩回事。不平的解讀就會有雜訊，甚至連接收都很辛苦，不管來自哪裡。

所以，重點就在於我們的智能不能提升，而不是一直加重我們的識，那是自以為是的識性的東西，都是分別與意識形態，然後再不斷地延伸，即使是再大的文明，也只是對弱勢者更大的摧殘而已，那都是我們意識裡面分別出來的路。

今天我們就是要遮滅這個狀態，就是要從自身去解除這種分別的意識，才會是一個無染的路。就是要**觀自在**，觀自己問題之所在。

恢復自己內在的主

問：如何恢復自己內在的主？

何謂主的來臨？

主的來臨，主沒有來不來臨的問題。

主的來臨，是無法預設的。

主的來臨，每一種原罪都是主的來臨。

主的來臨，解除慣性的過程，就是主親臨的過程，不以慣性見證主的親臨。

主的來臨，不以慣性阻擋內在如來的彰顯，內在如來彰顯到哪裡，我們在世間的行路就洗掉原罪到哪裡，什麼是罪？就是指相對性的慣性。之所以苦，就在於你不是你原來的面目，不是自己的主，會成為這樣，是因為被自己所製造的慣性所矇蔽，使你所走過的路都成了慣性累積的狀態，不只在生活上，更可能在以主為名義所建立的宗教傳承上。

主的來臨，一切生命必當自主，來親迎主的來臨。

一切的苦難，都是主親臨的一切形式。

主早已親臨，唯眾生所不知。

主的意志，以無分別為唯一的心念。

主的身、口、意，就是眾人的身、口、意，凡一切人所承受的，都是主所承受的，主的愛，必當令眾人在生活中，無預設的改變自己。

主成就世人來到他自己的面前，成自己的主，人必當懂得赦免他自己的罪，必當得自己的永生。

主的心意，早已是每一個人自己的心念，主的每一天，就是每一個人選擇如何去過自己的每一天。

主再來臨時，我們最大的課題在於以慣性累積認知下的主來迎接主的來臨，這將會成為主親臨的障礙。所以我們不能只停留在過往的層次，必須對於當下世間一切有空前的接納與解讀的清明，才能善護萬民走上自主的路，開啟一道正法的路。

主是無法解讀的。

主不在一切的層次之內外，不在一切思議的理解。

主親臨一切的不安恐懼，赦免一切的不安恐懼。

主以空性存在著。

主的親臨，一切生命終將恢復空性。

生命的歷程——如來的引領過程

問：人的生命恢復會歷經哪些過程？哪些階段？

你知道佛經是如何形成的嗎？大部分是世尊身邊最重要的夥伴或弟子請問世尊，世尊回應而產生的內容。他們幫眾生問，也幫自己問，他們幫自己問，也幫眾生問，這是同時存在的。

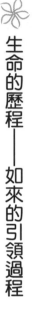

當佛經或書的內容出來了之後，會有與這內容共振的人出現，因為這些內容，而讓他們有恢復生命的機會。就像你之前曾有一種覺受：如果你能夠對應這一本書，不但你會恢復，還會有更多的人因此而恢復，這就是一種覺受，這是你的內在如來在你的肉身還沒有完全恢復之前，讓你先覺受到某個訊息來引領你。如果我今天沒有這些寶藏與內涵，你的內在如來不需要花這麼大的時間與過程讓你與我相遇，你的如來都已經先預演給你，給你訊息了。

但是你還要了解的是，你之前的問都是為了自問，為今天這一局做一個前置作業，因為你必須把很多與你有交集的人，如父母、兄弟的落入時空的部分先做一些減輕，將他們給你的干擾減到最低，之後你才能夠轉向，不落入他們的干擾與世界的時空，全然直接的面對自己，以自己的基本盤對應你內在的如來，這才是重要的，這樣你才能夠逐漸進入沒有時空感的狀態。

所以，恢復生命是有先後順序的。現在，至少你已初步成熟，遞減了一些包袱，你已經能完全轉向你自己的狀態，對應你的如來，所以你才會很清楚地向我表達，你要直接問生命本身終極的存在是什麼。

我們所要知道的是，生命的課程，是一種在生活上的引領過程，生命的課程，我們必須放個空間給內在的如來在每一個當下來引領我們。當自我面對到一定厚度之時，你就會直接以你的如來義來問我，而不是現在這種狀態，這種問法，那是一種更高的境界。

我可以大致告訴你，整個生命恢復的過程：

首先，當外在的綑綁做了初步的鬆動之後；接下來，就是你轉身，不落入相對性的時空，直接面對自己的內在如來。然後，當位階準備好的時候，就會進入所謂的原始佛教，教義直接與內在如來對應。準備好位階的意思就是，一個慣性之人轉身對應自己的內在如來。然後進入下一個階段，遞減慣性，當慣性遞減的同時，你的內在如來也在恢復，內在能量與法流也在恢復，遞增內在的力量。之後，慣性的解除到了某種程度的時候，你已經大部分能夠了義，了義之後，其背後的如來義出來，直接以你的如來義引領。這些是未來一段時間裡，你要進入的狀態。

目前的你，要先準備好位階，然後逐漸遞減慣性，然後才是如來恢復，這幾個階段會讓你逐漸能夠轉識成智，慣性就是識性、干擾，所以仍會有一些情緒起伏。但當內在如來不斷地恢復的時候，你就會漸漸熟悉內在如來的狀態是什麼。

這幾個階段會一直交替，直到最後你的慣性遞減到差不多了，你能了義了以後，也看到背後的如來義，而你慢慢能夠用沒有邊角的狀態，以「無」的狀態來對應一切，那就是內在如來直接出來對應的狀態，而沒有慣性操控著。

生命的恢復與拖延

問：看到生命被拖延是一件令人遺憾悲憤的事，請問我們要如何客觀理解生命恢復，且讓生命恢復不被拖延？

生命的恢復是代表人類之中有一些重要法緣的生命體，在世間做重大的放光，**生命的恢復是人類對自身存在的最後訴求。**

生命恢復，恢復生命，訴求於無所求，求於無法，求於無所修法之法緣，放光於無量世界。無盡生命企求背後的觀照，就生命密碼圖騰的恢復而言，是分秒不能被拖延的。

但是如果我們一直往法喜的方向去理解與感動生命恢復這件事，就會只停留在表象上。因此我們要做深遠的察覺，每一個特殊生命恢復放光的同時，他的不可思議之處是什麼？他所代表的利益眾生、解除苦難的內涵與第一義是什麼？

利益眾生不以識性運作眾生任何事。

利益眾生應以轉識成智才能真正令眾生懂得利益自己。

利益眾生在於引領眾生自己解除自己的苦難。

利益眾生應以不思議來解除所有思議的問題。

利益之事、功德之事、當下之事、第一義的時空，以至情至性感動生命內在如來的應許，令生命自願放光，令密因能在因果之處自然自動轉化，自然利益眾生。

每一個生命不可思議的恢復都會是一種苦難所應許的事實，是那一個世代苦難眾生的靈魂體共同應許的事。為什麼只有這個人恢復，但別的人還受苦？如果這裡面沒有一個共識的密因與應許，怎可能只讓某少數人恢復？所以，它不是一個單純的法喜可以了解的事，這是我們必須要知道的。

應許之事，應以不思議之內涵分享一切靈魂。

應許之事，世代慣性必有提點之關鍵所在，不思議觀照之。

應許之事，即時即刻，生命方能不被拖延，方能利益眾生。

對於每一個生命的恢復，我們要等同於苦難眾生的立場，在深度與廣度上去觀照，如何在這個生命恢復的點裡面淬鍊出讓所有人都能夠快速恢復的內涵、答案與經驗值。而每一個生命恢復所要帶動的重點是在於，它提供了人類變革的重大內涵與資糧，讓我們有機會再打破些什麼，解除些什麼，它提供了某一些變革的要素，我們應該把它淬鍊出來，讓還在苦難中的人能夠得到他亮度的佈施，而做某一種適度的解除。

變革的要素，從苦難轉化出來，變革的意願，因苦難催化出來。所有的資糧，在打破慣性之後，隱藏在背後真正的生命寶藏，就是資糧所在。變革是必須的，應接受納入世代的人民，生命才有恢復的機會。

所以，不要只以單純的法喜來看待生命恢復這件事，而在無量精微的觀照裡面讓它迸發出足以解人類諸苦的良方妙法，這樣才是深遠地回應與讚嘆於生命恢復的最好方式。

生命恢復的契機，在於以何態度面對。

面對的心態，若沒有一定的禮敬，終究退轉為慣性的狀態。

微妙觀照，一切機不可失，皆是恢復重點所在。

另外一個重點是，某些好像要恢復但又不是恢復，又被某些慣性拖延，而一直浮浮沉沉的，然後他的一大堆跟隨者也全部都被延宕的人，對於這種情形，我們也要以一個不落入的角度來看待。它在表達所有延宕的狀態，它被照見也同時在表達一件事——這背後藏有一個重大的密碼，當所有的延宕都被照見的時候，就表示這事情背後有重要的密藏，隱藏了所有不被延宕的契機、能量、內涵與法義，這才是重點所在。

生命本然，確定是自主的。

生命本義，確定是空性的。

生命本身，確定是自性的。

不思議於一切生命本身的恢復或不恢復、延宕或不延宕，在每一個經驗值裡面都是等同等持的狀態，我們都要能夠窺視到那背後所隱藏的深不可測的、不可思議的密藏，於每一處讓每一個苦難都有機會得到佈施、加持與灌溉。

我們在觀照這一切的時候，要有平等心，平等觀之，一切內涵自然就會來供養我們，看出生命的恢復如何嘉惠於當下同一世代苦難的生命萬物，也看出生命的拖延如何轉化出永不被拖延的一切良方妙法，如此，我們才能以中道正法之觀，善護一切生命的變動契機，這才是莊嚴之所在。

善護的重點，不流失任何生命轉化的機緣。

善護的妙法，在於不承受的無染。

生命的莊嚴，正法所在之處，在生命生活中，彼此當下尊重的生活態度，必然存在無量生命恢復的事實所在。

生命恢復，自有妙用，自有安排

問：當生命錯過恢復的機會，是否就此錯過？還會再有別的機會嗎？

正正反反，反反正正，正反反正，順順逆逆，逆逆順順，順逆逆順。所有中道正法當來下生的鋪陳與運作操盤，重點是在於讓所有的力量恢復清楚清明的狀態。

世間苦難的操盤完全沒有任何的定向可言，完全沒有任何的預設可言，每一個人因緣果報的狀態是遠遠超過人類所熟悉的慣性的安全範圍，範圍之外的一切都有可能會衝擊我們。所以，重要的生命夥伴在他的恢復過程中，在各種不同的角色扮演裡，也必須是以角色非角色、修行非修行、運作非運作、正非正、反非反、逆非逆、順非順的狀態下去對應一切苦難的形式，讓所有重要的生命恢復者，在面對無量無常的所有可能性的情境、角色、向度裡面，都能夠不斷地突破，打破慣性，使他能夠具備以無量向度納入各種可能性的能力。因為這樣，所以，有一部分的法緣，它所示現的一種狀況就是無邊無量無預設的逆向狀態，或者正反逆向狀態，或者順逆的狀態，或多層次的順逆，多層次的正反，不斷地交替，以無預設的方向來對應。

生命恢復的機會，角色的扮演是機會，人與人之間的互動無不是機會。

生命恢復的機會，取決在自身面對的態度，機會本身不會有任何的預設，而當自身有預設的時候，就會削弱恢復的機會，因此，順逆之間的對應要全然納入，順向或逆向都會有機會。

生命恢復的機會，是來自願意承受震盪的態度，不要誤會震盪本身只是一種情緒的表徵而已，它是生命恢復機會的開始，慣性因震盪而開始剝落，剝落的本身才是生命恢復機會的事實。

今日的大局，都是要讓重要的夥伴能夠有空前性的恢復，這裡面沒有不能納進來的角度，沒有不能納進來的份量，沒有不能承受的狀態，讓所有重要的夥伴能夠去掉任何的邊角，用無邊無量的無預設性的狀態對應一切，以這樣的方式恢復如來，或是善護其他夥伴的恢復。

生命恢復的機會，不要一開始就習慣性地用不安恐懼來阻擋生命恢復的機會。

生命恢復的機會，因果之間、苦難輕重，都是機會，任何的猶豫、多餘的思議，都是拖延自身、夥伴及眷屬生命恢復的機會。

生命恢復的機會，生活無不是的機會，生存無不是的機緣。

生命恢復的機會，緣分應放下所有攀緣，放得下的才是真機會，放不下的沒有任何機會。

生命恢復的機會，緣分的真正因素必然觀照，必須正視，才能解放所有的累積。

正法開演下的生命恢復，它的經驗值一定要到達這樣的水準，才有辦法去面對天下，才能夠善護其他夥伴的恢復，要不然很容易落入自己所熟悉的範圍來框住其他人，因為所有恢復中的夥伴一定會帶著他在世間的苦難做為他回歸的某種密因密碼，如果我們只偏向自己熟悉的密因密碼與解苦的模式和內涵的話，就會落入某一種框框，反而一些重要的夥伴因為彼此解碼的方式與苦難的形式不同，而有耽擱與內耗，這些要全面性打破。

生命恢復的機會，機會不是誰能給的，只有自己能給自己，不恢復生命，就永遠沒有任何的機會。

生命恢復的機會，要有「生命恢復是身為人類最重要的人生意願」之知見，這才是啟動生命恢復的首要。

生命恢復的機會，人類恢復生命，一切萬物的苦難才有解除的機會，所以，人類生命的恢復，等同於一切萬物生命的恢復，這才是重點所在。

所以，逆向狀態與順逆向狀態、無預設性的正反、無預設的多層次、無量層次的沒有任何預設的方向的打破，就是為了這個重大的恢復——無向度的全面性恢復，讓所有的重要夥伴在沒有任何設限的情況下，都能夠觀照所有回歸者，而不延宕任何的回歸者，而且能夠銜接任何的回歸者，共同面對與恢復，這才是一個重大的根本。

回歸的根本，應以生命的回歸為主要。

不管任何層次的生命，都要打破預設，才能在相應中回歸生命。

打破慣性後的震盪，才能顯相回歸的路徑，應以全然的初衷主動而無預設的令回歸處在自然的狀態。

面對所有的回歸，就是解除消耗的、用力的行為模式，回到自主的生活行為。

回歸本身，不必離開原有的生活領域，而是在既存的生活下，改變了自己所限制的部分，打破了所有受制的狀態，這才是重點。

在這個重大的根本基礎上，夥伴之間有他們連結的關係與方式，它與世間的特殊關係無關，重點是在於，每一個連結的設計都要有它的傳承與銜接性，自然在揭開正法入世法的某個階段的某個銜接點裡面，它自有妙用，自有通路，自有串連的地方，它會有無量的密連接點，那都沒有關係的，就讓他們自己去面對，自己去串連就可以了，終究可以回歸的，不用罣礙於有無世間關係，那都只是表面狀態而已。

回歸不管出世、入世，就是讓來來去去的連接點都能順暢。

人類的問題出在用太多的方法找回歸的路，生命的恢復是在放下所有尋找的方法之後，才是機會真正的開始。

生命的恢復是找不來的，它不是一種問答，不是知識的解讀，不是修行的法執，它是

放下慣性覆蓋後，本然俱足的回歸之路。

世間一切關係的變動本來就只是一個緣起而已，也會有緣滅的時候，在緣起緣滅當中，我們也要滅掉一切不必要的相對性的辛苦，解除到某一種程度，自然又會有「生」的契機展開，但重點是我們必須給自己機會，不用考量誰給誰機會，但是卻必須自己給自己機會。

生、老、病、死的面對，緣起就是生命恢復。

人生的緣起無不是生命恢復，緣滅更是生命恢復的機會。

每一種生活的提點，放不下的果，是為了放下的因，引動生命恢復的契機。

當來下生給了我們機會展開變動，之後深層的慣性會被震盪出來，這當中的衝擊與改變是每個人自己內在的如來與力量自有安排的，如果沒有辦法在機會的第一個時間點或在當下啟動改變的話，就會因為有所承受而退回到苦難去的，等到他承受世間苦難到一定程度時，自然又會有另外接引他的人讓他再次上來，沒有一定要如何的對應，或與誰對應，也沒有一定的設定，到時自然會有通路，透過別的管道再回歸。但是，苦難也自有苦難的運作操盤，有一些人必須要先在苦難世界裡達到某種徹底放下的狀態，才能夠真正地臣服。

當來下生的妙用是無邊無量無預設的，一切自妙用，一切自操盤，一切等同等持，一切的一切，包括我們清楚或不清楚的時候，包括我們整個的恢復過程，或沒有任何的恢復過程，甚至包括我們在無盡苦難裡面的過程，都是一種操盤，它是一種正法的操盤，它的當下就是正法。

苦難的無盡形式，都是生命恢復的形式。

生命的俱足與苦難是等同等持的，生命是無為下的自然恢復。

無一定法的對應一切，生命在任何一切處，都能無預設的恢復，這才是正法操盤下的生命恢復。

所以，在任何對待的關係點裡面，重點是在於恢復的重要性，在未恢復之前，必須要有一個放下的狀態，每一個人能放下多少與他的苦難有多深，都自有安排，有的時候，人們必須退到更深的苦難裡才有辦法帶上來，才會自己主動上來，不用別人恢復了之後還要去拉他們一把，不用了，這是一種世間尊重，讓每一個人懂得自己救自己才是真正的當來下生重要的法義。

每一個人的自性如來會在苦難的妙用裡讓他終將臣服與放下，當他放下的那一刻，他就懂了，就上來了，一旦上來，機會自然會出現，但是他會經過哪一個通路，自有安排，我們無法預設，全交給每一個人自己的內在如來與力量，以及苦難的操盤狀況。

每一個對待的關係點，是提點，是離苦的點，也是生命恢復的機會。

每一種轉換，是無染的過程，是生命恢復的當下。
生活的每一種通路，都是通往生命恢復之路。
生命恢復的根本，是在於每一個人在生活中觀自己問題所在，而真正開始的。

第三節　主的親臨

無盡的相思，生命與主的交會

問：瞬間對應於如來的交會，有一種非常寧靜與篤定的感覺，而且全身有著電流在跑，全身細胞都打開的感覺，這樣深刻的覺受，當下思維清明，請問，與內在如來交會，那代表著什麼？

當彩虹劃過天際的那一刻，它代表著生命與生命交會，生命與如來交會，如來與如來交會，慣性與如來交會，如來與慣性交會。

生活當下無量的慣性，無不是為了生命如來的恢復所佈局的密因。

生活當下無量的慣性，在解除的過程，就是生命恢復的過程，就是生命交會的過程。

生活當下無量的慣性，就是對自己成為主最究竟的見證。

生活當下無量的慣性，對自己無上的解苦，就是對自己生命的親臨，當下的親臨，無

上的見證，生命如來，如來生命，生命無盡，無量生命，皆得親證。

不管一切的一切，訴說不盡的心意是什麼？當主來臨的時候，重大的恩寵是在於令交會的生命有著無盡的相思，這句話的意思就是讓所有思議的「相」——想法與思維，通通走到盡頭，安住於「無」的狀態，這就是內在生命對如來、對主無盡的思念。

無私的愛，無盡的思念，人民終將以公義見主。

無盡的心意，以苦難呈現之，無上的面對，以親臨的當下究竟之，與生命的如來交會主無上的意志。

一切的一切，安住於無所住的無為，人民以無我養生命的自主，印證如來，如來親臨，在最後的盡頭，將與主交會。

一切生命的苦難是在於一切諸相落入了思維而痛苦。而當內在如來交會於主的時候，如來就會撥開慣性，打掉慣性，粉碎慣性，不管當時他的生命形態是什麼，而讓自己肉身的身、口、意瞬間就住在一個沒有慣性、沒有時空、沒有各種不同的評估或高低標準裡，而有一種不落入時空的安住狀態。

如來有訴說不盡的內涵，供養主示現的時空，慣性之我，即如來之當下，即主之親臨。

落入的思維，為求慣性的粉碎，不管一切的一切，只為成全成就親自叩問主生命如何自主的最後一問。

以無盡的苦難，表達對主無盡的思念，只求世代的解苦，善護主親臨的一切可能。不思議的相思，瞬間以內在的生命，祈求一切相思之苦的解除，為了主的臨在，必安住在空性的狀態。

如來之不思議，生命以不思議交會如來，生命之愛等同等持，生命之義清明清楚。在無盡的時空，與生命如來交會，在無盡的宇宙盡頭，企求主的親臨，主將令一切生命等同於主親臨的時空。

這就是對主不思議的思念，而肉身本身也會在與主交會的那一刻裡，如來顯相，慣性解除，相思的慣性解除，無盡的相思，相思的無盡，一切思議的相到了盡頭而了無痕跡，這就是主對祂自己等同生命之愛最重要的回應。這是最重要的確定，也是初轉法輪生命之愛的確認。

主轉生命的法輪，回應一切生命之愛的訴求。

主轉生命的法輪，令生命不落入一切相對的時空，安住在不思議的狀態。

主轉生命的法輪，主對眾生的苦難不思議，主的示現，將在一切苦難的密因密碼中，解碼萬民成自己的主。

主轉生命的法輪，眾人將成自己的法，輪動自己的生命志業，就是如來恢復，就是主轉生命法輪的了義。

主轉生命的法輪，主無上的示現，人民生命當下的還原，所要變革的是人民將不再以慣性來生存，而將以恢復生命的自主，成為生活的本然。

主在於萬民的生活，是一切萬有如來在一切萬有生命中自主的恢復，這是主對萬民無限的承諾，無盡的承擔。與如來的交會，生命必將在二〇一二年之後親證主令一切自主的空前示現。

主之路，二〇一二年前後的重大改變

問：東、西方有許多有關二〇一二年的各種不同說法，可否透露一下二〇一二年前後的重大改變是什麼？

當重大世代莊嚴來臨的時候，**內在主的力量會等候肉身所需要恢復的時間、空間，但不等候任何慣性所需要的因果時空**，內在自性的力量會直接以祂的威德力當下令眾生面對，令身、口、意面對，令肉身存在的任何不圓滿面對自性之力、內在之力、主之力，這是全面性的、當下性的、操盤一切密回歸的無上智，令肉身在生活當中面對，只有面對這一條路，而且在當下的存在中越來越清楚地面對苦難的點點滴滴。

二〇一二年前後的重大改變，此一世代，人類對自身存在的一切，革命性的改變。

二〇一二年前後的重大改變，不管人類要不要改變，天地萬物，天災地變，所有的介面就是要人類走向革命自己的路。

二〇一二年前後的重大改變，就是人類所依恃的一切舊有軌跡的主流價值全面性地面臨空前的改變。

二〇一二年前後的重大改變，改變的宗旨就是不再令人類輪迴在任何的慣性下掠奪其他的生命。

二〇一二年前後的重大改變，改變的唯一之路，走上主的路，在二〇一二年之後人類的再造生機，就是恢復生命的自主。

二〇一二年前後的重大改變，主將親臨，建立自主的國度，宣告人類在地球存在的密因與空前的密藏，這一切必將成為二〇一二年之後最大的改變之根本所在。

那時候內在的主會彰顯在肉身的每一個狀態之中，進行主的恢復之路，非常清楚的傳達，非常清楚的以威德力令一切生命直接去承載內在如來重大的內涵、重大的力道、重大的解碼、重大的操盤、重大的佈施、重大的教育跟重大的功能，來自四面八方，來自一切不可思議的一切處，令肉身面對如來本身的重大意志、終極意志必然的恢復。

二〇一二年之後，人類必然在生活中彰顯內在主的力量。

二〇一二年之後，這樣的年代，以部分的毀滅提點人類，如何走上不被毀滅的內涵與道路。

二〇一二年之後，是毀滅的年代，也不是毀滅的年代，是毀滅與不被毀滅共存與共振的年代，那要看人類自身每一個人將如何檢視自己。

二〇一二年之後，是末日，末日的來臨，代表掠奪的末日，慣性的末日，不自主的末日，不想改變的末日，這一切將徹底在變革中逐一解除。

二〇一二年之後，不是末日，是一切再興再造空前的機會，人類將徹底的改變自己，而如何變革成不同的人類，就是成自己自主的人類，是二〇一二年之後人類最大的正法之路，也是人類最後能不能在地球生存的機會。

這不是肉身的任何思議認為要怎麼樣就怎麼樣，而是以內在自主的意志明確彰顯在肉身的存在裡面，進行一切重大恢復的圖騰，這種示範，這種經典之作必然在一定的時間形成必然的事實，令肉身打破一切慣性，超越所有慣性的想像，主的力量、內在如來的力量會運作在整個世代終極恢復的必然事實裡面，主成為肉身本身存在生命淨化的重要妙不可思議之存有。

二〇一二年之後，不管人類任何修行的系統，任何面對的層次，都必須全面性的走上

自主的路，這不是選擇要或不要的路，或有沒有意願的路，不管是什麼修法，不管是什麼宗教，不管是何等來歷，不管是何種來處，不管是何種層次，不管是何種功德，不管是何種因果，只有唯一的最後之路，無邊無量且無盡的全面性地走上自主之路，這是二〇一二年之後要全面性開展的主之路。

二〇一二年之後的世界，是不思議的世界，人類將不以慣性來存在著，人類肉身的運作，必然在解除苦難中也逐一的示現人類存在地球的神祕與莊嚴的密碼，主必然親臨，空前的世代，淨化一切的原罪，彰顯在肉身裡的如來，一切的密因，存在肉身當下的生活，解碼的力量就是萬民成為自主的終極世代國度的來臨，這樣的事實，就看整個人類在二〇一二年的前後，面臨毀滅或不被毀滅的考驗中，做如何的選擇。

萬民成為自己的主，親證主的來臨，地球成為自主的國度是二〇一二年之後人類空前唯一的正法之路。

主的權柄，二〇一二年開啟正法大門

問：請談談主的親臨與權柄，是在二〇一二年前後嗎？人類如何理解主的示現？

你是你，你不是你，你是如來，你是因果，你是存在，你是眾生，你是一切，你是反應出訴求一切生命自主的你，以生命最深的一切對應於主親臨的事實。

主的權柄在一切眾生最後的不安恐懼裡，主的存在在一切生命最深的密因裡，主的行走在一切生命的心路歷程裡，一切的生命在當下所面臨的一切自身無盡的苦難全都是主的見證、主的存在。

所有生命的赦免都來自於主本身當下對應磁場的親臨，苦難本身得以親見主的存在，得以親證主的臨在，主的親臨照見了一切當下生命在無盡的宇宙中無盡深遠的苦難。在每一個宇宙最深遠的行路當中，在宇宙存在的每一個生命最無盡的罪惡當中，隱藏在他肉身裡面最深的不安恐懼，皆得以因主的親臨而自身生命在莊嚴的面對苦難的當下能不能得以赦免，被震盪出來。

主的權柄，其要義在於無分別，其權力是在於解除所有眾生的分別。

主的權柄，主當等同眾人，平等在所有的苦難裡，共同放下一切的承受。

主的權柄，主當行走在每一個人行走過的歲月，主將與眾人同行在罪的深淵。

主的權柄，主沒有權不權柄的問題。

主的權柄，來自於眾人願意放下苦難，所應許賜予的權柄。

主的權柄，來自眾人的賜予，所以，眾人的一切就是主的權柄。

眾人就是主的權柄，眾人早已是自己的主，眾人的生活，每一個行為的權柄都在在彰

顯主的意志，不管眾人會是怎樣的行為，是罪的製造，是罪的洗刷，都將因主的權柄，而獲得空前的赦免。

所以，苦難是主，當下是主，苦難是一切眾生對主無盡的愛、無盡的思念，主是如來，每一個生命的聖靈、每一個生命的如來，能否在他無量劫的當下確認自己即是自己的主，才決定了能否親證主的存在，**主的存在等同如來的存在。**

親證主的愛，在眾人彼此相愛中見證。

苦難是主本身洗原罪的運作，苦難在眾人難處思念主的存在。

萬有的聖靈，在無形中善護有形的眾人，萬靈是主，具有萬有的權柄，萬靈必成聖靈，主的存在，聖靈將吹起主親臨的號角。

主，不可說，因為一切生命的不安恐懼都已在訴說本身存在的問題，所有的生命都將以自身最深的苦難親自迎接主的親臨，因為主的親臨而把一切眾生、一切生命未能自主的所有苦難、所有的不安恐懼，不管何等之深，全都震盪出來。而眾生本身要有一個深刻的理解，當一切的苦反應在生活中，那代表主已把一切原罪還原在生活當中。

主是生命，是如來，是所有不安恐懼等同的存在。

主無所不在，眾人在不安中，得主的聖安，在恐懼中，得主的平安。

眾人當在生活中體會主，在一切不平等中，見證主的公義，主沒有形象，沒有設定，

主也在原罪中守候眾人願意對自己罪的放下。

地球是主的道場，地球承載一切生命無盡形式的苦難，地球為了迎接主的到來而孕育了無量生命，也承受了無量生命的苦難，所以，無量生命的苦難在地球的道場上全部都得以存在於這一個世代，地球無量劫來當下的事實是——二〇一二年年底就是所有苦難的臨界點，也是面對生命的起點。

主是道場，主是任何的可能，在一切的形式裡，都有主的赦免。

主是道場，承載了眾人各種的取捨、一切的意念，還有無量的恩怨情仇。

主的親臨，就是一切苦難的終結點，眾人必當進行自身的改造。

但是，這也是主真正示現的初步開始，顯相於世間正法的開始，正法的入世就是要真正赦免一切苦難的原罪，所以，眾生不必害怕一切的苦難，而應正視一切的苦難，**苦難本身就是主，能面對苦難的一切生滅就是在解苦的過程，也成自己的如來，成自己的主，二〇一二年年底就要開啟正法的大門，正式迎接主的親臨。**

主示現的，眾人不應揣測。

主親臨的，眾人必須無所。

主所做的，眾人必須無為。

主所行過的，眾人自當因循。

主是因，眾人必須畏因。

主是果，眾人必須結善果。

主是一切，眾人必須成自己的如一。

主是眾人，眾人必當成自己的主，此外無他。

主的權柄，就是當一切生命在這個還原苦難的世代，成為自己主的過程的一切，天使、大師，一切曾經引領眾生的菩薩、羅漢，與所謂的聖賢，若有任何的落差，而在引領眾生有所沉重的承受而不能恢復的狀態，主將親臨而赦免之，承擔之，消化之，轉化之，等同等持轉碼之，以主之親臨，令一切為主親臨而做準備的正法的肉身，在其承擔苦難的當下，全部都得到重大的赦免，解碼背後隱藏的一切重要的密藏。

主以苦難親臨，以等同親臨，以不思議親臨。

主親臨，一切聖賢所從出。

眾人當下的放下，就是主赦免的同時。

主的狀態，不在任何的狀態。

主將以等同人類的肉身親臨，人類的肉身就是主的肉身。

重要夥伴的回歸，就是很多狀態與苦難都得以做初步的還原與整合，由二〇一二年年底開始，整個正法將全面性地開啟初步的內涵，也是主親臨於地球真正的開始。

主必將於二〇一二年年底開始逐步顯相，為萬民萬靈回歸自主的路，正式在地球開主的國度。但，萬民是否要成為自己的主，也必將為自己的選擇做必然的承擔，在無盡的選擇裡，就只有唯一的最後選擇。

主將解除一切的不安恐懼，在無盡的因果裡，眾人必須信靠，因果是主的親臨，當下主將親自解除人類的思議、人類的不安，主為萬民回歸所舖的路，地球是主不可思議的聖地，無量萬有的生命，將得以安身立命，成就生命的一切。

所以，當下的你有很深刻的不安，那個不安不是苦難的不安，不只是單純因果的不安，不是單純領眾的不安，是因為當下主的權柄在你生命的如來裡面反應給你一種不可思議的主的赦免、主的連結、主的存在，讓你一切的無量苦難與背後追隨的眷屬得以有回歸於主的路，得以在那一個深遠的狀態裡確定主的親臨，確認那最後一人，確知他的權柄可讓你獲得無量劫以來全面性的赦免，而有機會逐步還原你的原罪，成為正法的善護，成為主國度裡面自主的人民。

你深層的不安，就是眾人深層的不安，你的見證，將成世代眾人的見證，你是以不安叩問如何自主的角色，眾人也將在不安中成自己的主，你現在親證主的行路，將成眾人成就自主的必經之路，這是你的初衷與本願，也是你對世界的引領，所相應於主了義的示現。

這就是你現在對應當下的事實，在確定主是存在於當下的那一人時，也確定你自己本身是存在於終極世尊女相完整的角色，才能清楚於莊嚴的主的權柄赦一切苦難於本來面目，不可思議的解苦，是主本身的威能。

這樣的威能能對應到一切苦難眾生之無量劫，而當下令其善逝其苦難，這是令一切生命自主的不可思議的磁場，這是主對無量眾生展現的無盡深遠的慈悲之力。

主在無邊無量處親臨，親自解除眾人無量劫的生死、無量劫的輪迴。

主將在親臨的國度中，親自回應所有眾人生命無法解碼的答案。

主早已承諾，一切生命的苦難到何等的境地，亦必將在主的國度中，得永生。

主的親臨，二〇一二年之後人類的面對

問：二〇一二年之後人類要面對自己的狀態到什麼樣程度？如果它是一種革命，人類改變自己的重點在哪裡？

無量世界，無量世代，無量的變動，它所代表的真正根本奧義是什麼？大部分的生命有了一個固定模式之後，就不願意再改變了，因為自己已有了某種方法可以鞏固他的不安

恐懼之後，就不願意再變動了，但是當整個世代的累積到了無法承受的時候，那必然就要有一種變革，重點是這個變革的深度要到怎樣的程度。

二〇一二年的前後，人類將面臨的是，萬物已經無法承載人類所造成的掠奪，而人類願不願意面對自己？以主之意志所確定的事實就是——人類必須在這個世代，開始走上真正的革命。

二〇一二年之後人類的面對，萬物將無法再承受人類慣性的掠奪。

二〇一二年之後人類的面對，人類將面對一切的天災地變，等同人類將面對自己的改變。

二〇一二年之後人類的面對，一切的無法承受，就是人類對自身最後的檢視，人類有多少機會面對即將毀滅的世代，唯有變革自己。

二〇一二年之後人類的面對，革命的歲月，革命的年代，革命的時空，毀滅本身的事實，也是一種革命的事實。

革命是什麼？變革自己的本命。

當每一個生命嘗試要做改變的時候，如果他所在意的改變只是在於所謂命運裡面的運，那其實是一種被牽動的，一種表象上生滅的改革，是非常淺層的，這種改變也只是一種外在術法的尋求，用慣性去尋找另外一種不同的平台，或者說，稍微改變了一下慣性，但仍然障礙在不安恐懼的框框裡面做一種外在性的改變，這種淺層的改變，永遠還是會障礙在那份不安恐懼裡面，當那份不安恐懼還是在的時候，是革不了命的，因為會困在某個自認安全的範圍裡面，然後慣性又會跑回來，不安恐懼又再次籠罩。

而當運改了，外在的條件狀況順暢且符合期待的時候，那份不安恐懼就消退了，但也等於所有的提點都沒有了，再也無法改變了，就算想改變也很容易就失去動力。所以，如果這個變革只是淺層的，就永遠是不穩定的，在不穩定當中又增加更多的不穩定，雖然表象的期待回應了，福報回應了，但也很難再前進了，到最後等同什麼改變也沒有，因為那只是在術法的平台上變來變去而已，但卻自以為已經改變了什麼。

這個世代的革命，是人類終極解除慣性的革命。

這個世代的革命，革除所有的苦難，恢復所有自主的本命。

這個世代的革命，主的親臨，主的革命，親證萬民自身的變革，只有前進，無從選擇。

這個世代的革命，一切時空，打破一切結界，令無量的萬靈、一切的萬民，都走上變革的自主之路。

這個世代的革命，無量深遠的呼喚，引領最後的力量，主之終極，究竟圖騰，無量生靈，將以地球的革命自主之路，引動出來的無量如來密藏內涵，成為無量宇宙世界生命共同革命的唯一正法內涵，這將是無量世界最後的革命之路。

二〇一二年之後，一切的平台，不管曾經是怎樣的主流價值，都將以公義的平等，改變所有的運作軌跡。

二〇一二年之後，打破無量的慣性，人類以無預設修行，以一切不安恐懼的狀態修行，除了改變，就是改變，除了深化，就是轉化。

二〇一二年之後，打破一切的術法，令內在的主成為一切改變的答案，最後的圖騰，將顯相在人類共振剝落之後的不思議之密碼。

多數人非常抗拒不安恐懼籠罩的時刻，但那表示是不安恐懼在提醒你要做革命性的改變了，或是某種層次上深度的改變，許多人不懂得這一點，就一直卡在不安恐懼中，他不知道那是一種內在性的革命意願，要從根本上變動的開始，呼喚著要走上另外一個不同的階段，但是有的人沒有辦法意識到，一直卡著不動，然後用慣性去理解，不但遞增不安恐懼也同時遞增慣性。

然而，革命就不是這樣了，革命並不是因為有不安恐懼來提點，不是因為有外在的提點才要改變，不是這樣的，因為，存在本身就是一種無常的變動，不是你要或不要的問題。不讓自己有任何的身、口、意或任何的心念沉溺在或被綁在自以為是的安頓裡面，我們要深知這一點，所有表象上的安頓反而才是最大的危機。所以，智者不落入一切，而保持一個覺明的狀態，才有辦法做主動性的變革。

一切的不安恐懼本身就是一種革命的提點。

一切的不安恐懼就是主令一切在變動的無常中革命的操盤。

一切的不安恐懼將令萬民清明自己，成自己生活慈悲的主。

一切的不安恐懼將不再不安恐懼，因為，不安恐懼終將以不安恐懼解除它自己。

世代的根本清明在萬民全然的覺醒，主動的變革，以不思議成革命的穩定狀態。

革命的本義是在於，解除所有生滅的變化，不能有任何的保留，不能有任何的條件，不能有任何的自以為是，不能有任何的有保障之後才能改變的想法。要不然，你能革除什麼呢？

當你有設定條件的時候，就代表你被困在不安恐懼裡，一定會有許多震盪，而那個震盪其實是你在面對不安恐懼時卡住的地方造成的，若你又無法意識到這個震盪是一種如來的提點時，就一定會以慣性來面對，然後陷在慣性的模式裡面，這樣根本就沒有任何的變革機會。

變動的必是當下的，革命必然如是呈現。

萬民的變動，就是變化中轉化一切累積的模式。

二〇一二年之後，人民無法再為自己留什麼，請萬民以主動以初衷給自己變革的機會，主將親自示範，每一個唯一的自己將親自見證。

變革之路，無外法可言，不往外，自身的肉身，密碼當下無量呈現，共振世代共同的解碼之路。

所以，沒有任何條件的、無所住的變革才能真革命，真革命就是不能有任何的空隙讓不安恐懼卡在那邊而變成一種慣性，慣性有太多的形式，但它背後都會引動不安恐懼。

但是，有一個很重要的知見就是，不安恐懼其實是一種要做革命性剝離的開始，是一個重要的提點與契機，如果你能這樣解讀，所有的不安恐懼反而變成了革命的切入點，成了一種妙法，因此，等同等持觀照不安恐懼是非常重要的。

二〇一二年之後，無條件可談的回歸之路。

二〇一二年之後，無預設可預設的前進之路。

二〇一二年之後，一切的切入點，無量打破，無量放下，無盡成就，成就生活的世間尊重。

二〇一二年之後，怎樣的開始，沒有任何絲毫會是在人類慣性的經驗下可以偵測的。

這個世代，華人與整個人類很多都是富貴的、有錢的，所以，這次的革命與過往大不相同，過往常是因為活不下去了，由貧窮的人起革命。但現在很多人有手機，以前連帝王都沒有手機啊！所以，現在隨便一個人所擁有的福報，是遠遠超過以前人的，一個安康的老百姓過的物質生活不下於以前的帝王，看看現代人的食衣住行、通訊和視聽設備……

等等六根六塵的享受根本都超過以前的帝王了，所以，已經是大赦天下於外在世界了。那麼，人類應該有的本份是什麼？

二〇一二年之後，解除所有人類的帝王術、權謀術、一切外在之法。

二〇一二年之後，人類將重新定位自己在宇宙的角色與本位。

二〇一二年之後，人類一切肉身行為，全面性恢復內在主的力量，世界將因此有最後的再造之機。

萬物以生死供養人類，但當人類的享受變成萬物的承受時，對它們應有的態度與尊重是什麼？智者在察覺對萬物的基本責任時，若發現應有的態度已經失去的時候，就必須進入一個重大的變革，這是一種生死的變革，因為萬物是用生死來供養人類的，供養我們的富貴，供養我們的肉身，讓我們每一天能夠繼續活下去，這都是無量生死的狀態，哪怕是一口呼吸，一口水，都是肉眼看不見的無量生物的供養。

我們對自己的革命是一種本份，一個應有的基本態度，它不是美德，更不是偉大，而是身為尊貴人類的本份。但當人類不懂的時候，就必須深遠的革命，無盡的革命，必須變革掉本命，走上不生不滅的狀態，**所有的生滅都是表象的，解除所有的生滅是唯一變革的機會**，不能有任何的預設與條件，當萬物供養我們的時候，它們捨掉它們的肉身讓我們吃進去，它們也無條件可談啊！

人類應以大我的本心，重新呼喚出內在如來的本尊。

人類附加在萬物的苦難，人類在恢復自主的過程，也必須等同解除之。

人類的本意在二〇一二年之後，將無邊無量的以本心開演，在了義的同時，莊嚴無量生命的尊嚴。

今天這整個世代，人類已經非常富貴了，擁有許多金錢和物質，所以，**革命的重點反而是要從慣性下手**，如果，臣服在慣性裡的不安恐懼裡，這種改變就只是在外在術法或平台上改變，真的是非常淺薄而已，與革命沒有任何一點關係。

整個革命的本身就是要全面性的、無為的、中道的、全然的、一切的、根本的、究竟的、不生不滅的，走上生命自主的改變，才能夠翻動由無量慣性所形成的自以為是的個性與習性，因為這種習性下的生活態度都是掠奪的、辛苦的、折磨的、消耗的、生滅的。解除所有的相對性，走上無分別的、自主的、莊嚴的、世間尊重的、清明的、究竟的、不思議的身、口、意，才是革命的真正根本奧義，讓一切生命成為自己的主，所有供養人類的萬物才能夠在它們的肉身被人類吃下去的那一刻，等同於人類恢復它們的自主性。

革命之路，根本之路，不思議之路，大行天下之路。

革命之路，一切的無常時空，革命成恆常的時空。

革命之路，是轉識成智為變革的解脫之路。

革命之路，生活生存所有的身、口、意都是革命的奧義。

革命之路，從自身變革，來自無量的放下，無盡的大捨。

革命之路就是放下所有的條件，放下所有的預設，放下所有的慣性，以慣性的知見來框住革命都是不必要的，不能有這樣表象的條件要求，放下所有該放下的，**唯一只有放下才是革命的基本條件**，也是面對自己的真正態度。

革命成自己的主，革命成自己的路，革命洗自己的原罪，革命就是對萬物萬有最大的禮敬與讚嘆。

每一刻的當下都能夠放下的你是什麼樣的？無盡的放下，就是恢復無盡生命的自主，這是革命的真正本義，而它的進行就在生活當中，每一刻、每一個行為、每一個可能性、每一個彼此之間的對待都是革命進行的號角，每一個角度、每一個切入點、每一個眼神、每一口飲食、無量的每一個狀態都是革命的要素，如此，這個世代才有辦法做重大的改變，才能成為主親臨的國度。

主的親臨，就是為了要革命掉所有不能自主的狀態，革命掉所有慣性的干擾，革命掉人類的不安恐懼，革命掉一切生滅的狀態，革命掉所有的相對性，革命掉無量劫的不圓滿，讓所有的萬民成自己的主，就是革命真正的正法之路。

革命成自己的主，革命成自己的路，萬物自革命，萬有自變革，一切行路，一切主之路。

革命成自己的主，革命成自己的路，每一個無量，每一種無盡，皆革命之本義與真義。革命成自己的主，革命成自己的路，一切的主，在一切的狀態，正法之主，世尊本心住世。

革命成自己的主，革命成自己的路，成一切的真知，成一切的大行，成一切的一切。革命成自己的主，革命成自己的路，萬民成主，萬靈成主，存在成主，生命成主，一切成主，革命自主，自主革命，主之革命，革命之主，主之國度，萬民在主的國度，以主的名、主的義，行主的路，莊嚴主的國度，成萬主的國度。

主的示現，二〇一二年之後覆蓋與堪忍的掃除

問：二〇一二年之後，人類要如何改變目前消耗的生活方式？

人類最大的尊貴就在於他的「覺」，「覺」的奧妙，「覺」的不可思議，而人類本身是否願意面對「覺」，是在於他的自主性，宇宙正法給予人類最大的自主性就是——你有選擇的權利，願意做某種選擇或不選擇，或在選擇中只做某一種範圍的選擇，或在不選擇中做了某一種範圍的不選擇，而不選擇本身也是一種不選擇的選擇。

覺妙之智，人類本身之情，一切意願，一切覺有情之力。覺妙之智，覺之於本覺，功德之覺，人覺於生活之尊貴。

當人類擁有這樣子的幾乎等同宇宙存在的機制、祝福、權利，這樣子的察覺與觀照能力的時候，無論覺或未覺，現今的人類到底做了什麼樣的選擇與面對呢？那就是——不願意面對的面對，以為面對的不面對。

願力在於面對的意願，面向任何的內涵皆有其輕重，不在選擇，而在放下。願力在於面對的意願，人類自主之面對，覺與未覺，是永劫的不等同。願力在於面對的意願，意願之動力，改變一切，宇宙之根，願力之本。

人類在面對天下與一切存在時，絕對有解讀真相的能力，而且人類也有把真相做真實還原的權利與能力，但是，人類在這個相對世界裡面到底做了什麼，而形成了現在整個世界堪忍的狀態？

為什麼現在的世界是堪忍的？因為覆蓋，不斷的覆蓋。每一個眼神覆蓋了真相，眼眸裡都是不願意面對的逃避，每一個表情都是覆蓋之後的遮掩，傳達的每一個言說裡的內涵都是覆蓋性的、選擇性的表達，就連現在地球上這麼多的天災地變都已經非常嚴正而清楚地向人類抗議了，人類面臨前所未有的困境與變化，還是選擇用盡一切方式來覆蓋他深層的不安恐懼，這一切所代表的是什麼？

所代表的是，人類選擇了覆蓋，以覆蓋再附加覆蓋，以覆蓋成為人類的主軸，自以為可以蓋住無窮盡的不安恐懼，但背後卻必須以掠奪其他萬物的基本生存權為他覆蓋的條件與資糧，人類代代傳承的，其實只是覆蓋的輕或重，掠奪的輕或重而已，人類自以為的先進或文明，其實也只是覆蓋的輕或重，掠奪的輕或重而已。

所有關於二〇一二年的訊息所真正要傳達的重要意義是，所有人類覆蓋的狀況全部都要滅掉，清除掉，這裡的「滅掉」並不是只毀滅掉人類所執著的外在形式，重要的是在有形形式毀滅的背後，更要毀滅掉人類那麼多被覆蓋的不安恐懼，以及現在這種覆蓋模式與面對態度，這才是「毀滅」的真正意義。堪忍不能再堪忍，因為真正已經不能再忍的是萬物，萬物不像人類，它們沒有覺的能力，對善護自己生存條件的能力是非常有限的，人類的覆蓋之重是萬物所不能承受之重的，人類能堪忍的是萬物所不能堪忍的，在有形世界或無形世界都是如此。

二〇一二年之後，地球無法再堪忍人類本身的掠奪行為。

二〇一二年之後，萬物無法再堪忍人類自私而不公義的掠奪慣性。

二〇一二年之後，人類內在的如來，將彰顯在生活，解除人類無法再堪忍的承載。

這樣的堪忍模式，都將在未來逐一解除掉，人類的堪忍如果到了忍不下去的時候，就是毀滅崩盤的開始。人類不斷以慣性、以相對性覆蓋的結果是所有萬物無法轉化的痛苦，也是人類最大的自私，只為了鞏固既有的安全範圍與生存方式，甚至是為了自身六根六塵的享樂，事實上**人類所真正覆蓋的是自己的慧命，和在生活中的每一個當下能夠恢復生命的契機**，人們不但覆蓋自己，更彼此覆蓋彼此的機會與法緣，也斷送了因果密因圖騰解因解碼的恢復契機。

圖騰的示現，現出生命恢復的一切契機法緣。

圖騰的示現，在生活的一切形式裡，不可說的皆示現的清清楚楚。

圖騰的示現，即是人類自身的觀照，一切如來的照見，以此恢復生命無上的契機。

主的親臨就是要解除這一切的覆蓋，這樣的宣告將不會只停留在一種宣告，而是所有存在的力量都會正式啟動革命，從人類堪忍的模式開始，直接就切入這一塊，永不能用覆蓋與堪忍的方式再繼續妥協下去。所有的覆蓋都是人類的自我欺騙，所有的妥協都是在延宕，它遠離了生命的恢復，遠離了清明，遠離了面對，人類已經沉淪到所有存在的身、口、意的每一個表達全都是覆蓋性的，人類習慣了覆蓋，以為覆蓋就是他們生命生活唯一的真實，如此永劫沉淪於輪迴中，這就是堪忍下去的結果。

覆蓋的解除，堪忍的解除，如此的模式，永不再有，是宣告，是承諾，是決心，是前進唯一的心態。

堪忍將堪忍到何時？掠奪萬物的過程，失去的將是人類自己的生存。

覆蓋的將覆蓋到如何的程度？覆蓋的過程，是人類慧命無法恢復的殘忍。

覆蓋讓一切生命無法自主，讓人類無法了解自己存在的奧義，宇宙空性的妙義也無法示現出來，一切的生機終將灰飛煙滅。

宇宙空性的奧義，主之力，主之示範，人類將清楚以智慧活出尊重不干擾的人生。

宇宙空性的奧義，莊嚴的涵養，如來的無盡寶藏，無窮盡供養人類面對自己。

宇宙空性的奧義，空前的世代，生命永不覆蓋，修行修法，生活自然自在。

宇宙空性的奧義，無量之傳承，人與一切生命皆不再承受彼此，而是無盡的成就彼此。

這些終究會在某一個臨界點的時候，一切終將再也忍不住了，堪忍的世界不能再繼續下去，主的親臨與示現，終將把覆蓋毀滅掉，把覆蓋的模式、堪忍的狀態做全面性的翻動，修改人們現在這種欺瞞的、不真實的身、口、意和不尊重的態度，在如此空前的世代，讓人類在無量宇宙中曾經有過的經驗都可以得到示現，讓一切的萬物萬靈能夠得到真正的涵養，這才是地球給予人類一個生生不息的道場的價值所在。

覆蓋的結果，萬物被犧牲，唯有自身觀照當下被牽動的一切，也用誠意與正確的態度來面對時，才會有機會掃除覆蓋，不管那曾經是什麼，這**掃除覆蓋的過程必須要有紮實的功夫，一個一個層次的掃除是不容許妥協的，也不能有自我欺騙的假象**。這種過程不是一種辨證，不是學術的研究，不是方法的發明，而是一種真正的革命，從自身觀自在下手，從自己被牽動的地方，放掉所有外在的尋求與術法，被牽動的地方就是自性如來提點你覆蓋之處的教法，如果你不去正視那個被牽動的原因，只是將那當成一種表象上的不安恐懼，用外在轉移，用自我催眠，久了就變成一種堪忍。

然而，如來的提點會一直在那邊，人類肉身的設計，那個「覺」會一直存在的，內在如來也會一直在，會一直不斷地衝撞你的覆蓋，如果你只把這內在的衝撞當成是不安恐懼與茫然無助而不去掃除覆蓋的話，你就會一直活在覆蓋裡面，在不安恐懼不斷地擴大之下，覆蓋只好一層一層加重，就演變成了現今這種狀況，地球與萬物的資糧被人類一直消耗殆盡。

主終將親自示範，這就是主的親臨，堪忍的世界終將結束，主的示現，將令一切人類的如來性生生不息，等同等持，萬物萬有的生命走上自主之路。**萬物是主，地球是主，承諾之深切，主之親臨，地球將成為主親自示範的萬有共主之國度。**

生命唯一的真實，來自解除。

生命唯一的真實，活出不再輪迴的自己。

生命唯一的真實，不令自己活在堪忍的狀態。

生命唯一的真實，不令自己以慣性覆蓋。

生命唯一的真實，生活中活出自己的自主，才是唯一的真實。

二〇一二年之後，一切的天災地變，用意在解除堪忍與覆蓋的模式，清除一切相對的慣性，為人類進化再造之法緣，人類將無條件的、無預設的納入內在湧動的新的內涵。二〇一二年之後，一切苦難，無量提點，不思議的愛，盡情展現，世界將不再有彼此附加的承受，生命彼此不再覆蓋，生活彼此不再堪忍，互為世間尊重，互為生命自主，這是地球二〇一二年後的理想國度的藍圖。

生生不息的世代，世世代代，要以真實的存在了然自身的存在，善護萬有的存在，打破各自的限制，全然的納入一切的不同，共同共願共善護，在地球示現主的親愛。

人類肉身的設計，等同地球，等同萬物，人類的恢復，等同一切的恢復，開演之路，當下之時，覺一切，以人類之身、口、意，納一切，這是人類恢復生命對萬物等同等持的承諾。

主之正法，世間不再有被拯救之人

問：在地球所有的生命，如何才能相應主的正法？

主的親臨，要地球成為主的國度，主在二〇一二年之後親臨，將對應地球所有的萬民、萬有與萬物，得以親近主的生命、靈魂，共同面對天下的生命體將來到主的面前。

主的示現就是，在與主共振的每一個當下的可能性，都是無量生命解除、還原、恢復等同的事實。

主無預設的親臨，所有的生命，不管是肉身或任何的生命形態，不管在無量世界曾經有過的任何不圓滿，不管存在於地球的任何形式，不管是否尚存有任何星球的軌跡、理解與模式，不管慣性的輕重，來到了地球，都是為了叩問於主如何成為自主，這些無量的生命必然以他們在無量世界的慣性來到地球，與主的存在、內涵與磁場共振，在共振的當下，他們無量劫來的不圓滿與慣性將在主的面前無所遁形。

生命以慣性與主共振，主以空性入一切慣性，令其解除一切慣性。

主之正法，無當下法，第一義正法，不思議之妙法。

主之正法，自性教法，教於無所，法於無為。

這些生命存在的形式，包含了人類的肉身，不管這個靈魂體這個肉身來自何處或任何層次，都代表著他以他過去生命的無量劫，不管輕重，來與主對應。在對應的當下，以在地球的狀態，所被照見的一切慣性當下去除掉，這去除的過程就是主的示現過程。

主對應、反應、照見生命無量劫來在地球所落入的一切，當下示現在主的存在裡、主的行路裡、主的赦免裡、主的權柄裡、主的威能裡、主所示現的一切不可思議的密碼圖騰的解碼裡，讓所有的對應者解除他在地球的慣性。這個慣性的解除是所有生命對應於主最大的禮敬，對應他如來最大的禮敬，對應地球道場最大的禮敬，對他過去無量歲月曾走過的任何宇宙道場都是無限的禮敬，唯有如此，此外無他。

放下慣性的當下，就是成自己的主、見證主所示現的正法的當下，**主以自主之法令一切生命自主，自主之法就是自性之法。**

主之正法，存在正法，究竟正法，萬民共願之妙法。

主之正法，禮敬地球，共振無量宇宙之法。

主之正法，空性見知，示現空性，生命本然，生命空性。

主的存在是唯一無盡的空性，將令一切無邊無量非空性的存有狀態全部解除掉，主以空性運作一切，照見一切無邊無量的累積。而地球就是空性的存在，主的空性所形成等同於主的存在之力量，就是在地球，所以，才能令一切萬民、萬物、萬有得以照見無量劫來在當下存在的生命形式裡所反應出來的不圓滿與尚在進行的慣性，以慣性顯相自己不能自主的狀態，以慣性顯相自己尚未圓滿的狀態，以慣性來成就如何不落入慣性的自己。慣性自有如來義，未圓滿之處，彰顯一切的圓滿。

生命之無量劫，圓滿之莊嚴，中道正法，無量形式，主以示之。

生命無盡，形式無窮，主以空性納之。

生命無預設，生命自納之，正法自性，空性奧義，主無上無分別正法。

主將以他存在的示現回應，說而不可說，不說而一切自說。主的存在、主的肉身、每一個行為本身，在當下，主的正法就是空性，空性會震盪出每一個生命當下在生活中無量劫的不圓滿。主在圓滿處與不圓滿處，當下親臨。

與主的親近，需正視震盪的本身就是主的恩寵，當主與眾生的生命對應在平凡生活的當下，震盪著眾生的時候，那就是主在赦免眾生慣性的原罪，這就是主的正法。所有對主的親近，都是主等同萬民的互動，當下即正法所在。

而一切眾生，不管來自任何層次，不管任何狀態，當下就要放下慣性的震盪，把這個震盪當作是主的善護，是主當下在解除的必然現象與事實，而自己以從過去生到現在的原有基礎來體會這解除的過程，一步一步地在地球的狀態下解除自己的慣性，這就是無邊無量空性無上的主之正法。在每一個親近主的當下，在地球上每一刻的行路，而**放下慣性是唯一通往主的行路**，主以無上的空性空盡一切，而令一切自性恢復。

一切層次，一切次第，一切正法。

地球是主，地球一切變動皆主之正法，苦難自主，覺一切萬民之自身存在即主之存在。

眾人不應以慣性與舊有的不圓滿來理解主、對應主，更不以對未來的預設來理解主、對應主，否則將是自己無盡的遺憾，無盡生命的損失。

眾人在主裡，主在眾人裡。

眾人之法，即主之法，眾人之有，即主之萬有。

放下慣性是對自身內在如來最大的供養，也是對主之親臨做一個最深遠的禮敬與連結，放下慣性是對主存在的奧義理解的開始，要不然會一直用慣性的軌跡、模式與經驗值來理解主。不預設於主，不思議於主，主之存在，在萬民的經驗中，萬民所有走過的一切行路都將成為自己的自主之路。

以識性的意識型態框架來理解主無損於主，但遺憾的將是自己內在的主、內在的如來無法彰顯，不但延宕了自己的慧命，無量劫來所等待的最後一次機會因此被耽誤了，也連帶影響了自己的眷屬，無法入當來下生的磁場，無法把被震盪的一切碎片收圓回來。

收圓的過程只是一個比較尊重的表達，主的當下，收圓無上，收無所收，圓無所圓，當下主就以不可思議之力、空性的狀態，令一個全然尊重主的生命能夠全然納入主的內涵，這些無量的碎片，等同於空性的存在。若有人因此而得空性之內涵而納之，其生活等同當下是主的事實，眾生應以此禮敬讚嘆主之世尊，唯有當下必然之共果，必然之共願，這是萬民無量劫來共同守護的共同的承諾，以共同的苦難覺受這樣無上莊嚴的威能。

主之空性無上智，令一切願以全然之初衷納入之生命者，得成他自己當下空性第一義的肉身存在的無上體察，這份體察的觀照，觀當下的空性之觀、空性之愛、空性之深遠、空性之無盡、空性之不可思議，等同於一切內涵無盡當下如來寶藏全面俱顯，當如來寶藏全面性俱顯於他肉身的當下，將與主共同面對天下而行走於地球，地球將被印證地球的空性存在得以承載一切未成空性之慣性。

主之空性無上智，主之智，於無為，於無住，於無我，於無所，於究竟一切，恢復生命的本源。

主在一切的因緣裡，令萬民畏因，主之法，在萬民的生活裡，主之法，在萬民的歲月裡、苦難裡，主以空性供養萬民，令萬民開啟自性的清明。

萬民成就，以慣性成就主，萬民得永生，主以他的赦免，令一切萬民的慣性得以在親近主的當下而得以無量的震盪，無量慣性的震盪是無量的生命內在如來對主親臨的承諾，以無量慣性震盪的解除為對主無上空性的供養，此為無上正法的開啟。

空性正法，萬民成就，莊嚴救世主將令**世間一切不再有被拯救之人，沒有相對性的拯救，只有自發性自己內在如來的拯救，救無所救，一切生命自救**，這就是主之正法真正空性無上莊嚴的實相內涵，成就在地球主的國度。

第四章　生活的樂章

謝謝你來到這個世界，讓我看到了自己。

謝謝你來到這個世界，讓我了解了自己。

謝謝你來到這個世界，讓我清楚了自己。

謝謝你來到這個世界，讓我以清楚守護了自己。

謝謝你來到這個世界，讓我以了解善護了自己。

謝謝你來到這個世界，讓我等到了真正的自己。

謝謝你來到這個世界，讓我真正的改變了自己。

謝謝你來到這個世界，讓我自己是怎樣的自己都不是問題的自己。

謝謝你來到這個世界，讓我存在的自己都是必然可以前進的自己。

謝謝你來到這個世界，讓我生活的自己必然是無染的自己。

謝謝你來到這個世界，讓我生命的自己都是清明的自己。

謝謝你來到這個世界，讓我用我生命的一切守護來到這個世界的你。

謝謝你來到這個世界，讓我用存在的一切善護要改變這個世界的你。

謝謝你來到這個世界，讓我用一切的我回應你，令一切生命自主的真理成為這世界生活的必然。

謝謝你來到這個世界，讓我圓滿了我自己，讓這個世界莊嚴了它自己。

第一節　女相解脫

台灣女性的成熟度

問：台灣的女性成熟到什麼程度？

女相的成熟與否是在於，能不能切入女相解脫系統的建立。成熟的女相，其世代自有成熟的自主女性，示現世尊女相解碼的內涵。成熟的女相，是自發的源起觸動女相精英，引動共同運作於女性生命特質的特殊性，做為解苦的示現。

綜觀兩岸三地的女性，香港的太西化，中國大陸那邊的話就不用講了，因為大部分都還在承受著苦難，而台灣的女性在經濟、政治、社會……各方面都已有自己可以主導的空間了。剩下的是什麼？女性解脫的權力還沒有建立起來。

但是，台灣的女性仍有來自數千年華人經驗與傳統文化的承受，承受自男性與家族慣性的苦，她們只是第二角色，是男相的一個延伸而已，女性嫁進夫家之後，得要符合男性家族的規距標準，這是非常典型的一個生活化的事實，這裡面的包袱與意識形態一直存在著。她們不但要承受男性所給的苦，也得承受女性給的苦，好比說婆媳之間或母女之間，無法也不敢擺脫男性設立框架的女性，不知不覺地也將同樣的框架框住自己的女兒或媳婦。

所以，女性解脫的重點跟男性是不一樣的，因為經過的苦不一樣，至今為止，很多女性仍必須在由男性數千年來所建立的環境與模式中生存，從中找出以女性特質為主的運作與解脫方式。**她們最後的機會是，完全跳脫這些過程，直接在她們自己的生活經驗值裡面建立起解脫的內涵。**

男女有別，歷史經驗有別，苦難傳承有別，個性有別，密因有別，女性在人類的願力上，該是得到重大開啟的時候了。

是不是會有這樣的事實出現？我們期待，女性完全不落入任何系統裡面，由她自己本身就能解答如來密藏，而回應給她的親族眷屬，解開綑綁。若得到印證，那就是女相解脫建立的開始，女相自主恢復的開始。

一切的印證，傳承在解脫的授記與承諾，此一世代，女相解脫所供養的內涵，是人類面對毀不毀滅最後的解碼契機。

世界要解苦，先解中國人之苦。中國人要解苦，先解女性之苦。其重要關鍵就在台灣。

中國，中道之國，世尊男女之國。

中國，非男非女之國，不落入相對之國。

中國，再度進化之因，在中國女相重大解脫系統的建立，自主於日常生活中。

中國，母親之國，世尊女相是中國真正成為文明大國的根本所在。

所以，會有最重要的第一批女性的覺者出現，她們會超越家庭的慣性，以解脫的智慧來回應她們的父母，因為女性自身還是要先回應父母所給的生命功課，做為一個考驗與驗證，才有辦法建立起女相解脫系統。

而那個女相解脫恢復的密碼，是在實際上入世時，女性自己生命逐漸恢復時的解讀與解碼，身、口、意恢復的能量回饋到她的家族，讓她的父母、兄弟姊妹都能夠在震盪當中，如實恢復解碼內容與力量。她也會在震盪的當下，建立不承受的實力，同時在善護家族的過程中，這些解碼密碼的內涵，也會令女性解脫系統建立起來。

女性的覺者，授記女相孕育一切生命、一切生死，是女性佛母法供養之妙用所在。

女性的覺者，覺一切承受男相之苦的解碼。

女性的覺者，自主恢復女相內在力量重大的相應，與解女相如來重大法義，入一切生活。

有關女相解脫的書與內容，初步該寫的好多年前我都已經完成了。我的生命全面性恢復之後沒多久，我母親就往生了，當天我回老家去，當下虛空中對我講的最重要的一段話就是：「你全面性恢復的事實裡有一件事情是所有的關鍵與核心，就是華人中道男女相等同等持的世尊。以男性為主所建立的解脫系統已是過度的發展，所以有太多帝王術法的累積，已經違背當初原始佛教的初衷。而女性這邊是因為過度的壓抑，沒有機會建立完整的系統，這部分一定要恢復。」這是虛空中對我的再三叮嚀。

母親即虛空，虛空中的密因，是我母親內在如來示現的吶喊，傳達母親的責任角色扮演已告一段落。母親的離去，是為了讓我無後顧之憂，而今而後提點我，**一切應以令生命恢復自主為唯一主軸，尤其女相解脫更為關鍵所在**。而我母親角色的法緣，一生以苦難提點，示現已了，母親的靈魂體將和我一起共同面對女相解脫的重大一役。

女性解脫系統的全面建立，關係著全人類最後面對的機會。

女性解脫系統的全面建立，空性女相行一切解脫的系統，清楚地表達世尊男女等同等持應有的對應對待，是人類未來生活中兩性關係必然的生活態度。

女性解脫系統的全面建立，必成事實，成為引領全人類女性重大轉化精進的目標，成就女相永不再承受男相的女相世尊妙法。

女性解脫系統的全面建立，女相的不思議應百分之百恢復女性生命無盡的特質，成就其解脫系統的特殊性，令男相的慣性拉回去面對男相自己的問題。

龍山寺的觀音佛祖也是為了護持這一點，已在數百年前就對應這個事情做準備，而後才在萬華形成龍山寺，這是我第一次去龍山寺時就都已經了義了的。是龍山寺觀音佛祖給我們這個機會，為善護苦難的世界走上自主的路，做共同示現彌勒正法的準備。

龍山寺觀音佛祖是女相示現佛母的力量，必然也相應善護人類女相解脫的空前契機，龍山寺觀音佛祖必然等同等持共同善護彌勒正法，使能夠令女相解脫與生命恢復的自主正法力量與內涵全面性的開展出來。

武則天與女相解脫的密碼

問：女相解脫的重要性為何？

這一次所要開啟的女相解脫的重大圖騰，是空前絕後的狀態。**人類最後的希望就是在於，當救世主來臨的時候，能夠拯救世間的重大關鍵就是女相自性解碼的內涵。**

全天下的女相，等同一切男相的母親。

全天下的女相，要解除女相自身的情執與情境。

全天下的女相，要等同男相出離一切可能的情傷。

在女相還沒有建立起女相的解脫系統的時候，唯一能尋求的是什麼樣的狀態？女相在尚未解脫前，承受了怎樣的苦？第一，女相本身就要承受女相的苦難，也同時要承受男相給她們附加上去的苦難。第二，女相必須要依從男相才能夠生存的苦難。

女相陷入一切的情境，就是對自己的捨棄。

女相習慣以情境面對諸苦，女相的諸苦將永不可能改變。

女相長期陷入自己情境中，是一種封閉，也是對自己生命的阻隔。

在中國的歷史中，有一族群力量來到中國示現女相帝王，就是唐朝的武則天，她是整個中國唯一的一位女相帝王，她的存在所表達的是什麼？武則天因為過往的女相承受了男相慣性而受到許多苦難，進而模仿出一種狀態，形成了一個女相取代男相的帝王。這代表著更大的成就？或更大的悲苦？從一個不可評估、不可預測的痛楚來還原女相本質的時候，我們能夠從中觀察到些什麼？就是，她還是只能夠依附於男相慣性所建立出來的世界架構，只能夠模仿男相，而無法徹底改變它，使女相真正解脫，雖然她擁有了整個江山，但她反而要承擔起整個男相帝王的慣性，等同地承擔下來，然後又因為沒有解脫女相的內涵，而造了一個與男相帝王不同的女相帝王的因果業障，這是何等巨大的無奈與悲哀。但仍必須走上這種局面，才能夠讓整個中國世代了解到真正建立女相解脫系統的重要性。

中國帝王相的解除過程，就是女相生命恢復的過程。

此一世代，女相在世界的成就只剩女相自身的解脫系統未建立起來。

女相的解脫系統，不能模仿男相的解脫系統，因男女有別，生命特質不同，歷史的苦難經驗不同，彼此的密因密碼不同。

男女如來的示現志業，佈局不同，運作不同，其內涵也必然不同。

女相解碼生命自主，一切如來密藏的完整示現，將是二〇一二年後人類重新再造的最後機會，女相如來的密藏，擁有人類變革自身空前的內涵。

這種歷史，只要一次就夠了。武則天承擔了這一切，所以當她往生之後，她的墳墓沒有任何線索可以找到或解讀，完全不留痕跡。這個世代，蘊含了重大的解碼契機，我們必須把女相本身的苦處做一個徹底完整的揭示、還原，然後了解到，如果沒有女相解脫的內涵，一切終將無能為力、無力乏天。

當女相解脫的內涵與力量回歸到終極，而呈現出初步輪廓的時候，將獲得空前的重大的示範。所以，女相終極的重要性是在於，解碼內涵必須要在一個沒有任何干擾與承擔的情況下，在無時空的狀態，流轉出無上的女相解脫的法流，入一切可能的時空所需要的內涵。

女相要縮短自身在情境中的時空，恢復自主的解苦能力。

女相落入一切男相慣性的狀態，都是女相恢復內在如來的提點。

女相自主之愛，女相根本之情，女相不思議而拉回一切往外的情境。

女相空前重大的示範，女相自性的能量，將令女相在世間尊重的存在價值獲得無盡殊勝的尊貴與莊嚴的禮敬。

非男非女

問：主流的兩性關係，與非主流的多重性別關係，跟生命自主的恢復有關嗎？

人類一般能理解的就是男與女，但是事實上在男相裡或女相裡也有非男非女，這是一種多層次多元性複雜的面對。當人類能夠面對一個多層次的性別狀態的時候，也代表人類有更深更廣的接納度。但這畢竟很難，因為大家都在傳承裡覺受某一個框框裡面的性別認同。

無量層次的男女相，都是轉化生命層次的次第，在非男非女的過程，都在成就肉身男女相、靈魂體男女相，互為世尊互為自主的生活態度與相處之道。

無量層次的男女相，在人類的男女傳承中，打破男女主流的模式形態，在非男非女的密因中，也為深化各種男女多元關係的流程中，進行各種進化的可能。

在人類的開創裡面，有非男非女的某種傳承。很多的同性戀，不管男女，在他／她的肉身裡面同時有男生與女生的傳承，甚至是多重的，這些狀態引動出彼此之間的對待裡面更是更更迭迭。重點是在於密自性所變現的男女相，透過這樣的愛恨情仇，所要反應的就是一種打破人類固定的男女模式裡面的意識型態。但是這裡面會有很大的苦難是在於，同志們在面對有關性別的深層內在狀態時，大部分都是往外不斷地投射與追尋，所以，不管他／她有再大再高的才華與敏感度，終究會在消耗當中走上了淺薄之路。很多的存有出現了極大的不穩定，因為他／她已經很難有更大的空間去開展。

人類最大的不安在男女之間的關係中輪迴著，異性戀、同性戀、多元的男女複雜愛戀，是為了打破人類情愛的既定模式與其中的意識型態，令人類在兩性之間打破性別的障礙，打破肉身性別的慣性，震盪靈魂體，透過男女性別互動的變革，以提升肉身與靈魂體往更自主的力量恢復前進。

兩性關係、多重性別關係，都是無量關係自發性的面對，也令其中打破之後呈現出無預設性的性別知見，令無盡時空的生命體在多層次的性別對待中，轉化回歸內在不可思議的如來心性，永遠解除落入相對性的性別與多層次複雜性別的意識型態輪迴之中。

我們如果要去善護這樣的生命類別的話，應該是要讓他／她們的生命如何能夠恢復茁壯。讓他／她們的特殊性在公天下的男女性別裡取得一個穩定的磁場，才有可能去談其他的，要不然他／她們永遠會是處在一個封閉的狀態下，這對人類絕對不是好事。

所以，重點是在於密自性之狀態。就是說，非男非女的男生女生的內在那一股所謂生理或精神的多層次、複雜性，與特異性、扭曲性，甚至可能帶有他／她們的天命與志業，能夠引領他／她們回歸到內在的如來。不管有多大的委屈、扭曲或才華，或多大的不可說的狀態，都不再往外，而開始轉向內在，回歸自性。回歸之後再引動出來的狀態就是解除之路。

一切的男男女女，非男非女，一切的陰陽，一切的非陰非陽，無量層次的性別對待，都是宇宙存在變革的改造，這是重大的進化密因，應觀照且尊重，而其內涵將對二〇一二年之後即將開展的自主世代有著重大的志業與使命，也是自主的變革力量，應以如此感受之。

一切特別多層次男女性別的呈現，都絕對有改變世間重大的男女互動苦難的部分。應該令此特殊性別之力量在世間一切男女關係的對待上，獲得其性別密碼內涵的恢復、解碼與變革之力，才能令既存的男女不等同之狀態帶動根本重新的反省與源源不絕的新契機。這必然是一切男女對待上全然善護尊重納入特殊性別關係背後，人類兩性之間跟本再造的自我存有之解碼。

人類對生命的叩問，無任何設定的形式，都是為了叩問生命的答案，一切性別多元多層次的對應，就是變革人類兩性世界的改革之路。

解碼一切來自叩問一切，特殊之深，深化之遠，性別的善護，來自慣性性別的打破，等同生命進化的叩問，引領人類以內在如來的心性無染妙用於無量性別的層次，而令一切性別的對應中皆回歸本位，成自己自性的自主。

第二節　生活即是生命

生活的態度，世間尊重

問：如何在生活當中的每一刻都能恢復生命，恢復自己內在的主，而不會落入生活中，一直在做表面上的事？

生命本身要活出自己叫做生活，所以，用肉身來到這個世界最大的關鍵就是要活出自己，重點是，你如何面對生活？在生活中，你是面對別人的慣性而有所承受？還是自己以慣性不斷再製造慣性，累積慣性？你要這樣活一輩子嗎？那麼，即使擁有江山與天下，這樣的你也還是慣性所覆蓋的你啊！

肉身是江山，是天下，是生活，是一切，是世界。

肉身之密，在於生命，在於生活，所有的恢復，走上自主。

肉身在一切事項，在一切介面，肉身不思議而能量百分之百恢復在肉身。

重點仍是在於如何改變慣性，你要先有這個知見——在生活的每一個對應當中，不管是多大或多小的事件，不管是多愉快或多痛苦的事情，在對應的當下，都是生命恢復的契機。你如何不讓自己只流於生活的表象，以慣性來生活而遞增慣性？而反而更能夠在生活的平台裡打破慣性，遞減慣性，在跟每一個人、事、物的互動裡，不但不會遞增慣性，反而彼此遞減慣性，**親近對方的肉身等同於親近對方的如來**，那樣的態度是什麼？

打破一切，彼此肉身的等同，照見一切，彼此肉身的等持。

對應要能相應，相應來對應，在知苦的流程中，真知內在如來的用意。

在每一個當下的待人接物，重點都是在於自己內在如來的恢復，更要互相提點彼此內在如來的恢復，在生活當中各自主，讓彼此的如來彰顯在自主的生活裡面。你必須要很清楚的知道，每一個生活中的親近，打破慣性，親近了對方的如來，其**重要的基本態度就是世間尊重**，不要只是落入了自己或對方的事件中纏繞著，不要讓這種方式成為生活模式。我們要懂得每一個對應、每一個人、事、物都是提點，讓我們生命生生不息的提點，如果我們不懂得這種世間尊重的態度，恢復的機會終將在日常生活中一點一滴流失了。

日常生活中的世間尊重，是人類對自己尊嚴的建立。

有尊嚴，才有真理存在的價值，沒有尊嚴，只有彼此的干擾。

世間尊重，成就生活中人類就是如來世尊的本身。

人類現在最大的問題就是，只停留在表象的生活態度、慣性的生活態度與覆蓋性的生活態度，在未來生活中最大的改變是必須先要有一個知見，**生活到哪裡，慣性打破到哪裡，慣性遞減到哪裡，內在的如來、內在的主恢復到哪裡**。彼此之間的生活是彼此的內在如來、內在聖靈、內在的主互相親近、互相提點與互相恢復的過程，所以，彼此之間的生活是彼此主的靠近，彼此主的親臨，彼此主的共振，彼此主的分享，彼此主的印證，這樣，萬民才能成為主，整個地球才能逐步走上莊嚴自主的世代。

生活到哪裡，慣性打破到哪裡，慣性遞減到哪裡，這是真愛、真理、真義，這是人類對主親臨呼喚的誠意，親近主，見證主，以自身的肉身印證主，莊嚴自身，莊嚴真主。

在生活中的一切，萬民成為他自己的主，但要如何做？對方一切的苦難都是彼此共同的提點，萬民的一切苦難都是萬民共同世代的提點，在苦難裡面充滿了主的恩賜，你要全面性地納入這一點，唯有如此，你才能夠親證自己的自主，才能親證主親臨的事實，才能確定主的內涵。

主親臨的事實，在人類面對自己的態度上，要如何做，端看人類如何納入苦難的提點，是唯一的事實。

如果今天主的親臨早已是事實，在生活中，一定會把全人類的苦難震盪出來，等待人們顯現出願意面對的態度，而真正的態度就是世間尊重，就是當來下生，每一個生命都必須面對他當下生活中的任何苦難，納入提點的震盪就是當來下生。放下慣性，只要你願意給主機會，主親自幫你剝落，用磁場幫你剝落，用主的威能幫你剝落，在那剝落的過程中，你的如來也會相應，唯主與主之間能互動分享，這就是事實所在。

生命當下的提點，納入深化，就是與主互動的共振。

慣性剝落，自主顯現，生活的意願，顯露在改變的自己，有意願的親臨主的國度。

我們親近了彼此，不是只有親近主，我們親近每一個人，就等同於親近主，我們親近苦難，親近一切，包括順的、逆的一切的經驗值，不管它的輕重好壞，都是在親近主的過程，在生活中每一個行為、每一個對待都是主的親臨。

我們親近主，不能夠落入自己生活中的慣性來叩問與對應，不能夠只是把主的意志表象地運作在全人類的江山裡面，更應該的是，在推動主親臨的訊息與事實的過程中，也要更加觀照自己的身、口、意，而不是因為靠近了主，就以為得到了保障而忽略掉了。做主的事是為了要自己能夠成為自己的主，內在主的恢復，自然能夠彰顯主的意志、主的一切事，那樣才有辦法共同成就互為世尊互為主的世界。

主的圖騰，主的示現，在人當下的一切行為。

主的圖騰，主的示現，在人當下的一切觀照。

主的圖騰，主的示現，在人當下的一切面對。

因為要親證主的親臨，所以，才有地球的誕生，才有肉身的降臨，人類生命的密藏答案，會逐步在一些重要的能夠等同於主示現的重大自主生命中示現。

如果今天能靠近主的人只是在表象上信靠主，但是回到生活中工作中就等同回到慣性裡，那還是有很大的分別心，你自己的能量反而是越做越遞減，無法生生不息，雖然在主的旁邊，但卻等同不存在，等同是遠離了。靠近主的使徒，在這一局，是要等同等持於主的存在的，不能夠落入相對性的運作，不能夠落入表象上的事情，而是在運作他自己志業的同時，也要觀照是否自己落入，觀照無量劫來不圓滿的部分，而讓自己恢復等同於主的自主性，這樣才有辦法在整個地球示現出重大的、共同的主的力量，善護萬民成為萬主。

萬民成萬主，是必然，是自然，是無量劫來的共同。

萬民成萬主，萬主之日，一切是主，自性之主，人民民主，萬靈聖主。

萬民成萬主，宇宙空性自性世尊主，宇宙的意志，萬主的顯相於地球，二〇一二年之後，主之親臨，宇宙的願力與使命。

對主的態度，在與主等同等持的當下，更是要莊嚴而鄭重的，每一個叩問、每一個運作都是為了恢復生命，當你恢復為自主的生命時，才能為主，為萬民，不為而為。親近於主，是代表萬民，代表一切苦難，來到等同於主存在的磁場裡，得到重大的赦免與原罪的洗滌，那都是為了恢復自己內在的主，得到重大世代所需求的密藏。

每一個叩問，在生活中，對自己存在的叩問。

每一個叩問，一種禮敬、讚嘆，一種再生的無限可能。

每一個叩問，無住於問答，如來自主妙答。

不斷把自己的慣性與不安恐懼丟給主，把生活中的各個問題全丟給主，一直問主：「為什麼我信靠了祢，還會這樣？」那都是主的問題嗎？如果你一直是這種心態，那你自己能確定什麼？能改變什麼？能運作什麼？那些其實都是把你過去的不圓滿之處在主的磁場裡面全都給震盪出來讓你照見的，你要把它們視為都是主的錯？還是你要叩問主如何解除、如何解碼、如何轉化、如何消化呢？消化轉化掉了之後，你所需要的自然就會來的，以顛倒來叩問主是對自己、對萬民的強烈干擾。

信靠主的人，若過於偏向表象世俗，落入生活中，落入表象的事情，一直在那邊重複過去不圓滿的狀態，以為有了信靠就得永生，反而會耽誤了自己的恢復，失去的將是無法挽回的時空與內涵，那是最大的遺憾，也會延宕太多必然恢復的生命，萬民必然成自主的時空點也會全部被拖延。

信靠主是要有何等觀自在的智慧啊！

主之圓滿，滿一切所需求之滿，圓一切所訴求之圓。

主之信靠，靠無所靠，因生命自主而信靠。

主之轉化，轉一切自主之正法，化一切苦難之慣性。

以不思議空性的狀態與主對應，才是應有的態度，也藉著跟主的共事，把過去不圓滿的狀態解除掉。

面對生命的力道砍下慣性之後，必然會產生慣性問題的震盪，那就是所要解除的地方，這樣才是真正觀照到問題之所在，就是真面對，真觀照，真轉化，真放下，真解除，真知苦，真智慧，解除之道，在放下同時，才是真滅，才能真正回歸不生不滅的大道，不受後有，為一切前進之路做真實的準備，每一階段，放下慣性的承諾，就是走上真主的永生道路。

砍下慣性，不要畏因於震盪的後遺症，因為這是必然的狀態，震盪是剝落慣性的狀態，震盪來自於自身真實面對，已經產生效應於生活中，也不要在震盪下延伸不安恐懼，觀於無所，震盪自有轉化的機制，生命的每一介面都是有機體的生命狀態，智者在一切面對的順逆當中都不被牽動，這樣的厚度是觀自在而不受制於觀，而入不可思議觀自在，觀一切皆不落入，而於一切法無染而自由自在。

面對生命，當震盪出來的時候，不能一直卡在震盪的狀態，或者擴大震盪，不能再以外在的模式來對應震盪，應以自身的本因做為回歸的對應，不再附加震盪狀態多餘的動作，真知震盪是一種面對必然的狀態，無畏懼，不受制，了然對應之，震盪本身就是妙法，震盪本身就是令自己清楚問題之所在，不預設震盪的時空，才能夠徹底放掉慣性自身的輕重，那麼，震盪的過程也是慣性放下的過程，不思議於震盪，慣性自然放下，這是無上密法傳承的真知真見。

信靠於主的真正重點是在於，觀自己在叩問的當下，自己所行的深度是否夠，轉化是否夠，放下是否夠，否則，你所擴大出去的每一個示範裡，就會產生很大的扭曲與誤差。在靠近主的時候，要無盡的、不思議的、不預設的全然納入，讓自己走上空性的路，才能夠共同面對整個天下，共同為主，讓萬民成為自己生活上的主。

不可思議的是主，是萬民，是一切生活，共同的是共願，共不同的皆是提點。

不預設無量鋪陳、無量顯相，主的示現，令無盡變現。

主的親臨，令一切自我面臨。

主以不可思議，解除萬民思議之苦。

無量的宇宙共願，無盡的如來本願。

主之救世，世界萬民，以正法自救，成自性之主。

無上無窮無盡之生命圓成，主之本懷。

中道飲食觀——無分別的納入

問：為什麼人類之外的地球萬物要以生死來供作人類的食物？這當中的原因是什麼？

「飲」為無上道，「飲」為無為道，「飲」為納入也，納一切之生死也。供養肉身之一切存在存有，肉身之外一切萬有之生死也。**飲盡天下生死相，為之飲也。**

現代人講究所謂的品味，有很多美食專家，都是用分別心在品味萬物的生死，都是有分別心的。**分別的吃，分別的納入，納入的當下，以分別心分別納入食物的生死，人類美食的背後，是無盡枉顧被吃食物本身生死背後無盡的滄桑與流離失所，人類不自知。若果真感同身受，人類等同承受之，人類肉身被吃的那一刻，人類的不安恐懼將會是何等重的承受？人類早已迷失在自己飲食的快樂假象裡。**

飲者的智慧在於納入的當下觀自在，觀照自己本身在飲食的那一刻有沒有任何受制，觀自己是否有任何舌根上的分別，有否以有邊有量的邊角在衡量萬物的生死。

飲者在飲食的當下以何種心境來納入這一切？無論做或不做，都是在當下進行無量生死的對應，它不只是一個表象上飲食的動作而已。**飲食的動作，非表面動作，而是飲者與被食生命之間彼此生死與共的法供養，我們應當以覺受之感恩感念之心，解除自己的分別心，來進行飲食每一個當下應有的動作。**

飲食的納入等同於我們以自己肉身的生死與我們之外的無量生命生死的共振，我們人類之所以納入無量生命的生死，是為了要去掉我們自己尚存的有邊有角的本因，當我們在納入飲食的時候，萬物的生死就在震盪著我們，震盪出我們無量劫以來有邊有角的不圓滿的狀態，在納入的每一個對待裡面，就等同於我們與肉身之外一切無邊無量生命生死的對待。

在飲食中恢復生命的本覺，才是對被食的生命應有的禮敬，當下我們的肉身，不但不承受被食生物的負面能量，同時解除被食生物本身的苦難生命形式，納入人類內在自性法流的等同等持。

生死的震盪，震盪著生死，在飲食納入的當下，生死無量，無量生死，納入生死，生死納入。人類應以肉身解除分別的飲食觀，令被食生命得到應有的世間尊重，每一種對待，應與無量生命生死與共。

在飲食中沒有承受的問題，方為無上養生之道。其道在飲食當下，以無分別之心，舌根清淨，禮敬被食萬物之生死相，而共振內在法流生生不息之道。

中道的納入就是在納入的當下是無為的納入、無分別的納入。我們以無分別納入一切的有分別，就是為了成就我們在納入飲食的當下，能夠以飲食消化掉我們對待萬物生死相的一切有邊有量的慣性。

當下的每一個飲食，都可以通往無量的解除，這是一個無為智者、無上智者、無分別智者應有的基本知見，在面對無量生命形態以生死相來供養我們肉身的當下，透過舌根納入飲食，每一餐、每一口咀嚼的滋味，都震盪著我們尚有慣性之處。**不帶著慣性、分別心去飲食天下萬物，這樣的本心才是真正世尊的飲食態度，以觀舌根之清不清淨做為覺一切**

萬物生死的應有尊重與態度。

以舌根清淨的無分別心去對應納入飲食的當下，就是在以舌根清淨演說佛法，供養無量生命脫離生死輪迴的苦海。所以，當我們以這種態度吃進來的時候，我們就解除了它沉淪苦海的痛苦，但是如果我們以更大的分別心納入萬物的供養，那麼，它這樣的供養人類就失去了意義。

所以，我們要以無分別心來禮敬讚嘆我們納進來的每一口的任何生命形態的生死相，它才能夠跟我們共振，才能夠等同納入——等同我們肉身的覺性的磁場，那也是一個重要的菩薩道，在那一刻，萬物的生死就是供養你、成就你、圓滿你的重大佈施，這樣的中道飲食觀才是真正無上解脫的飲食，莊嚴的生活態度。

莊嚴之飲食觀，觀照當下納入生命之生死，等同吾人肉身之生死，中道觀之，中道舌根納之，中道誠心等同之，遠離萬物生死之痛苦，解除萬有生死之因果，舌根清明清淨，舌根之示現，對應於萬物萬有，皆為佛本身日常生活之飲食觀。意識萬物萬有透過人類存在的莊嚴，解除其生命形態的苦難形式，這是人類在透過飲食的行為中，同時與無量生命進行密不可說的共同精進演化之路。

可說的舌根清淨皆不可言傳，可言傳的舌根清淨皆不可思議，萬物萬有以生死供養人類每一餐的飲食，就是企求人類在飲食的過程中，解除其落入輪迴的苦難生命形態。生死

對待，人類應自問，是否在日常生活中習慣的飲食行為裡落入了美味飲食的品嚐，而忽略了被食者之生死應得的禮敬與尊重。這是生死之事，因果之事，生命之事，吾等應在飲食中，飲食當下，等同禮敬天地之誠心誠意，納入每一口食物，這才是佛的飲食之觀。

以分別心吃萬物萬有，就是吃葷的，以無分別心吃萬物萬有，就是吃素的，重點在人，而不是吃的食物種類。當下以無分別本心對應萬物萬有，納入的舌根提點，究竟之處，飲食到哪裡，人類與萬物萬有共振的生命恢復到哪裡，這才是遍虛空遍一切處以舌根納入一切苦難，令一切永不再輪迴的大圓滿之境。

中文之美，生命之美

問：繁體中文與生命有何關聯？

地球存在的能量給各族群存在的空間，而在各時空中最完整的就是中國。為什麼呢？中國本身的存在在於它在地球存在的完整性，更在於它的文字圖騰所示現內涵的完整性。

中國之國度，其生命是以相應於萬物而形成的文字圖騰。

中國之繁體文字，是歷代先人以生命覺一切有情，所變現出來的對萬物的解讀解碼。

中國繁體文字之特質，具有相應萬物能量之密碼，其文字之深遠，等同生命存在之不可說之內涵。

中國的歷代智慧傳承，在在表現在對文字的傳達上，中國繁體文字之美之妙，在於文字圖騰就是生命本身的實際存在的反應，它在於柔軟、無為和合、自然、不可說之巧妙，繁體中文是中國人對宇宙萬物察覺下最重要的體現與解讀後的傳達，所以，它是對萬有生命動能的體會，繁體中文本身存在著在中國生存的一切生命的能量，繁體文字，其無上妙有，觀繁體中文是觀照生命存在流程而不執著於觀照，所示現出來的生命文字圖騰。

中國古老的、智慧的覺者，他們觀照到宇宙天地萬物存在的意涵，把這些意涵濃縮在中國文字圖騰的表象裡面。這些文字圖騰裡面，就存在著他們的修為與內涵，以及對當代普世苦難、有形、無形、天地萬物，和日常生活中的察覺與觀照。這份察覺與觀照的深意透過名間一種約定俗成的自在隨意形成了意像的文化傳承，在文字裡，在語言裡到處可見。所以繁體中文就代表了對天地萬物禮敬莊嚴、慎終追遠的深刻心意，它存在於每一個華人的生命深處。

華人的繁體文字，具有深化轉化的深層思維力量。

華人的繁體文字，文字本身的內涵、巧妙，解讀所有可以相應萬物的擬人化的不思議理解，這是人類其他文字無法到達的介面。

二十一世紀，人類面對空前的苦難，無法再以既有的模式來面對苦難，人類在尋求自我變革的契機裡，在學習繁體中文的過程裡，也同時以中文文字圖騰的深層轉化之力，轉化人類過於識性的理性，進而相應繁體中文內涵的背後，體恤萬物存在對於人類等同等持的價值，而更能在繁體中文的文字之柔美，轉化深化所有人類往外的剛強掠奪之力。

所以，在解碼的過程中，自然可以透過與生命的相應而意會到那些個繁體文字背後所蘊孕的深意，以及個人與天地萬物之間互動共振的頻率和關係。所以，當任何世代的華人在面對自己生命恢復的每一個當下，就能夠透過面對文字圖騰來面對他自己，也同時面對天地萬物對於華人存在所負載的那一份世間尊重。也讓許多後代的華人子孫在他們失落的靈魂裡重新召喚出跟過往歷代祖先的互動，與遠古力量的傳承，以真正呼喚出自己內在靈魂的力量。

繁體中文之美，是生命之美，內化之美，如來恢復之美。

繁體中文之妙，是生活之妙，內在靈魂進化之妙，內在自主恢復之妙。

繁體中文之不可思議，對自己存在一種意會性的解讀，觀自在的無為解碼。

繁體中文之涵義，具有深化的作用，察覺的能力，對時空本身有一切可能的表達，其文字是一種文化，是一種文明，文字本身就是存在著慈悲與智慧的教育作用。

繁體中文之存在在中國，就是為了中道國度的來臨所做的準備，這是繁體中文的願力

與使命。

唯有用生命的誠意，解讀相應繁體中文的內涵，人類才有觀的能力，才有覺的本能，才有入空性的機會，這是繁體中文自身俱足的功德，也是繁體中文留在人類為了善護人類生命自主所事先準備的文字圖騰，所以，繁體中文的文字圖騰就是生命自身存在的圖騰，所以當生命面臨恢復自主的時候，就是繁體中文引領一切生命恢復內在力量的時候。

因此，在以中國文字圖騰解碼的過程，就是與過去歷代華人經驗中與天地共存共榮的每一刻記憶的交會，解讀了不可說的、象徵了宇宙的內涵，這就是華人世界的中道。

繁體中文，就是其文字圖騰都在示現中道的根本法義，所以，中國是中道之國，其繁體文字就是中道之文字。生命之義，中文解之，生活之法，中文示之，繁體文字，必將成為二十一世紀人類整個恢復自主的解碼的文字圖騰。

原始佛教——以原來面目與佛的對應

問：原始佛教中佛陀如何與弟子對應？

「原始佛教」它的法意就是，所有的教化，在人與人之間、人與萬物之間、萬物與萬物之間，一開始的時候就在生活中的一切用原來的面目去跟佛對應，用內在如來直接對應佛的內涵與示現。

世尊如來以肉身示現在苦海輪迴之地，其第一批的重大弟子就是生命對生命的示現教法，唯佛與佛之間能知的解因解碼，唯如來與如來共振的圖騰妙法。

世尊教法，無預設之法，無染之法，無一定之法。

世尊教法，教於無所住而生萬法，觀自在之自身自主之法。

世尊教法，無為之作為，教於當下之涵養，當下時空圓滿之正法。

世尊教法，無分別之心念，解除無量層次之比較，恢復無上自性之必然。

世尊教法，教於無所之教，以無法之法，令人類在生活上，互為世尊互為自主。

這就是原始佛教，一開始時，世尊跟他重要的夥伴或弟子的對應方式，因為這些肉身是純粹的，內在如來出來，在不落入慣性的情況下去對應，讓佛陀有機會把如來法義與如何解苦的訊息在各種圖騰裡面做重要的回應。這樣的共振就是原始佛教的開始，一開始就是用本來面目來禮敬佛。

原始佛教之對應密因，人類必須在生活的進行當中，恢復內在如來的力量，是根本所在。原始佛教之對應密因，人類的共同善果，以全然的初衷，大捨慣性於生活對待的一切狀況。

原始佛教之對應密因，人類的尊貴在於，不往外的尊重，不干擾的、不牽動的生活態度。

原始佛教之對應密因，世尊之教，以人類內在力量生生不息來對應世尊的無量教法。

也只有讓本來面目，也就是內在如來出來引領法義，在本來面目與佛的共振與對應之中，讓肉身的慣性遞減，也能令許多重要的大菩薩在引領眾生的慣性快速地轉化掉，而能安住在不動性的法座上面。

如來的示現，在於其教法無任何可攀的空間，只有恢復內在的佛，成肉身自己的佛，每一個人都是自身肉身的佛，這樣的肉身佛，就是整個人類百分之百以肉身即身成佛，全然地生活在地球上，地球將成諸佛的國度，萬民是主的國度，到時候，再也沒有誰救誰的問題，再也沒有捨不捨的問題，再也沒有誰教誰的問題，地球當下的存在，就是無量生命全面恢復的存在，這就是主為何親臨的關鍵。

原始佛教對人類的重要在於，無預設下生活的身、口、意都是佛性恢復的法緣本身。

原始佛教對人類的重要在於，要以最原初的心念，無分別的心態，禮敬供養自身的存在。

原始佛教對人類的重要在於，不在於有限的系統之互動，更在於無量打破下的回歸每一個自身的完整。

原始佛教對人類的重要在於，教於無預設之妙法，方能解除人類覆蓋下的苦難模式，這是生命能否自主的前提。

原始佛教對人類的重要在於，相應於智慧，解除識性的認知，直覺直觀於源源不絕的內在能量，佛之本源，人人皆自性之如來，佛之示現，人類本身當下即是佛全然的體現。原始佛教對人類的重要在於，以原始佛教之法義，無男女之分別，無先後順序之分別，無有傳承或無傳承之分別。

原始佛教，一切生命本是佛也，無關慣性之覆蓋，無關承受之輕重，原始佛教對一切生命的確認，當下無量存在的生命就是當下無量諸佛自性如來的存在之事實。

真問——存在本身即是問

問：如何才是真正的問？

放掉用力的部分，當你的力量用在反省時有「用」的痕跡時，那是一種往外的狀態，是一種不究竟的根除過程，因為生命本身是問不來的，反省的相、問的相、自問自答的相，當你問時，你是在問誰呢？一個對象，因而有一個「用」的痕跡。當問本身與反省本身，那種來來去去的狀況不斷遞減時，用力的軌跡就會消失，否則你還會有一種「問」的理性狀態，還有所謂的辨證的狀態，這些都要解除掉。若你習慣問的用力，而當你放鬆的時候反而問出不來，回到一種表面與淺層的狀態，然後就會變成下次要更用力地問，當你自問自答的軌跡遞減的時候，你就會變得柔軟了。

所以你要察覺到你還有「問」的一個用力之處，你設定了一個目標在「問」的理性狀態，這樣會變成「轉識不成智」，由過去生那些沒有完全轉成智性而所累積的識性，一直都還殘存在那，所以就變成你必須要用力地問，但用力本身是有問題的，因為沒有辦法百分之百完全自然流露出來，自然流露才是真正的實力。

我本身的存在是遍一切處，而且是當下性的，沒有反省不反省的過程，也沒有問不問的過程，也許有一天你也能很快到達這個境界。但是換個角度來看，在一個密因之下，你保留了某一個問的過程，讓你力量恢復的過程成為書或部落格的內涵，讓更多重要的人也能藉此而切到重點，以恢復他們的生命，因為不是每一個人都能問到有品質，有誠意，問的全然，問的徹底，問的情深意重，等同像你這樣，所以就某方面來看，你本身的存在，你內在的如來也是非常重要的莊嚴與禮敬，當然肉身仍在一個恢復的過程。

問無所問，問謂之大問，「問」本身是無的，沒有問的痕跡，沒有一個設定的對象。純粹就是瞬間從內在如來問出來，為利益廣大眾生如何能解脫的問。這裡面沒有慣性殘存的痕跡在那邊干擾，這才是大問，利益眾生的問，這是要努力的方向。以內在如來叩問，在問的過程裡自然就會振開許多相對性的或用力的、反省相的狀態。所以，「問」會成為你恢復生命的重要修法法門，單單是「問」，你就能夠恢復了。

問於不可說，以內在如來叩問，不可說而一切自說，當問無所問的時候，沒有問的過程，也沒有問的問題，然後你本身就會是如來，不帶有慣性與包袱在裡面，沒有用力，沒有阻礙，沒有震盪，沒有時空感，不帶有來去，你完全沒有這些阻隔，那時你就會是完全在當下處。這樣，你就會有絕對的實力恢復自主，是通往無盡藏真正的開啟，那時候，你就會發覺，你不是為了自己在問，沒有一個「自己」在那兒，沒有一個存在的「你」在那兒問。

存在本身即是問，所以時空中任何的苦難會直接升起而問，時間到了，你內在如來會自發性的叩問出來。當「問」到達了另一種層次的時候，就會是通往無盡藏的狀態，開啟終極的內涵。

所有生命的答案，在存在的本身

問：人類習慣以學習與問答的方式來理解生命，請問這種方式與生命恢復自主之間有任何關聯嗎？

生活的一切，一切的一切，都是生命的一切，生活就是生命，生命本身是學不來，問不來的。

生命之學，非學，學之於放下學習之慣性。

生命之學，學之生命。

生命之學，學之一切，以無分別，觀即學，學即觀。

生命之學，不離當下，在於放下，學之無量，不落入學習之狀態。

人類的慣性就是用識性來理解生活與生命，但那都是相對性的，真正生命的對應是放下，放下所有的學習，放下所有的問答，生命不在於學習，不在於問答，更不在識性的、相對性的學與問，人類必須放棄所有現存的模式——無盡學習的外在之法。放下問的模式、答的模式、學習的模式、辨證的模式，人類才能真正在生活中活出有別於現在的非問非答、不落入問答、不落入學習的不可思議的狀態，因為**所有的思議都必然落入自以為往內，但實際上卻是往外的追尋**。

不思議之學之問，非系統之學問，非識性之延伸。

不思議之學之問，在於供養之間之智慧相應，在於無量模式之無預設之納入。

不思議之學之問，是深遠恢復之自然，非外在形式之附加。

不思議之學之問，不問不答，不學不習，自問自答，自主學習。

不思議之學之問，如來之教法，法之妙用，入一切學問，入一切問答，令存在本身的

傳道授業解惑，在於生命傳承的傳遞，在於打破思議之學之問。

生命不是一種辨證，也不是一種檢視，或理性的說詞，生命本身不來自追尋，不來自一個外在的學與問，而是**問於無所**。問的本身是一種切入點，但是在問的過程裡面，放下問，才是真正的問，因為在放下問的那種妙答，是來自於生命如來的回應。

問於無所，答於無為，生命非學非問，不在說詞，不在教法，生命之義，放下追尋，自然呈現。

問於無所，答於無為，無我之智，入一切處，生命自學，人性本然，應於生活。

問於無所，答於無為，身教之明，覺之有情，身、口、意無染，自性清明。

問於無所，答於無為，問於永恆，當下之答，答於時空，宇宙自身，問答之間，一念之間，無盡學問。

學習是人類預設性的生活模式，那終究是要改變的，逐漸遞減學習的慣性，而增加一種生命自發性的恢復，這種自發性的恢復不在思議裡面，不需要去思考生命到底是什麼。學習本身就是一種外在之法，它會不斷地遞增識性，識性的狀態會讓人類一直處在相對性裡面，不斷重複傷害性的互相比較、牽動與相處模式。

人類彼此的互動牽動，那個牽動本身都是如來在提醒人類使用識性的模式必須解除，因為識性的運作過程，讓人落入了學習之中，也同時悖離了生命，覆蓋了生命。

人類要察覺到在他學習的當下，在他生活中的點點滴滴，都用識性遞增了慣性，無法回頭，違背生命，入慣性識性的輪迴裡面，而完全沒有辦法清明清楚，因為人類現有的方式都是在覆蓋生命。如果意識到識性的往外延伸與覆蓋時，才有辦法停止往外，逐漸在生活中活出自己的如來，那來自於識性的放下。

不應以輪迴之慣性，入一切的問答與學習。

不應以往外之延伸，覆蓋一切的問答與學習。

不應以情緒起伏之當下，落入一切的問答與學習。

學於無所，問於無所，放下慣性，放下習性才是真學習，當能夠無邊無量地放下一切的學習、一切的識性的時候，生命才會展現無邊無量的法流來回應一切。真學習，放下所放的，應徹底，無所住於問答之間、學問之間，問答來自真實真義，學習來自本心本我。

生命本身就在生活當中，在一切的圖騰、有形、無形，或清明的覺受裡，答案已經都在那裡面了，智慧之人不以識性見如來，智慧之人不以慣性去生活，智慧之人不落入相對性而相對性一切自運作。

有形、無形之一切圖騰，問答不來，學習不來，生命本身奧義俱足一切。

生命教法，生活空性，覺所而放下一切問之識性、答之辨證。

生命教法，生活空性，根本教義，慧命展現，自主之問答，妙有之學習。

生命不是一個形式，也不是形容，生命不是一種言說，生命在於不可說，放下所有的言說，在覺受裡無盡的等同，逐步地在相應當中茁壯而恢復。

人類除了外在熟悉的部分之外，還至少要再熟悉如何不執著，那樣至少會有某種恢復，然後再進一步選擇進化的可能性，以不預設不思議的狀態，全然地接納生命如如不動、源源不絕的法義，那一份了然了義，會讓人很清明地知道他曾經在無量宇宙的存在裡面臨了什麼、對應了什麼，在地球這裡應該解除什麼。

生命是恢復的，不是問出來的，不是學習來的。

生命是恢復的，是無法執著的，無法以識性對應的。

生命是恢復的，在於不預設，所有進化，源於生命如來自身的意願。

生命是恢復的，落入學習，在於苦難之遞增，落入問答，在於小我慣性之思維。

成為自己的主，不是來自學習，而是放下學習，唯有放下，生命才能生生不息、清明、清楚、了然，在每一個可能性裡面，生命自然茁壯，這一份了然會延伸到過去的無窮過去，和未來的無窮未來，在當下都會知道無量的過去現在未來，通通能清明照見。

人要很清楚，人類肉身存在的當下就是生命，表達本身就是生命，當下是生命，行為是生命，人的存在是生命，人的眼神是生命，人的呼吸是生命，由肉身引動出去的每一個環節是生命，宇宙是生命，宇宙中無量萬有生命的行為都是生命本身，平時看到的平凡就是生命。

生活在無量處，人類現有的學習模式與系統性的預設，已把人類本有生生不息的生命特質，無盡的框死在各種意識形態裡，人類自以為是的專業，對人在物質界有一定的善護，但對人類自身生命、慧命，還有其他萬物，卻是無盡的劫難、無盡的分裂、無盡的細小的延展，令人類本身視野已沉淪到全面失去自我的事實，這不是人類在地球應有的生活態度，主親臨的當下，將解除人類既存的無盡框架、無量識性、無窮慣性，主將親自解除所有非生命性的學習，主將親自解除所有非生命性的問答。

我們必須要有這樣的知見，才不會對生命落入任何外在性的解讀，解除無量的一切不必要的學習與識性，解除一切相對性的叩問與辨證，而讓「問」本身存在相應於肉身行為的當下，問於無所，就是我們不再用力、不再有相對性的狀態，因為你肉身存在的行為本身就已經在叩問，它是不可說的，但又很明白地在肉身表達的行為裡面訴說了一切的訴求，所以它不是來自於外在性的理解。

知見在於照見，知於放光，知於見性，真知之處，不用力理解一切，行動行為，無所為而為，無為於問，無為於答，無為於學習，無量之照見，見於無盡深遠之觀照，生命叩問，叩問於生命，一切訴求，源於無求，求於無所求，解除相對，所有生命的答案，在存在的本身，本已呈現在生活的一切狀態下。

當下在一切時空的可能性裡面，都已經在呈現生命的本然，只是你觀不觀得到而已，而觀得到的你會是怎樣的你？那來自於放下一切外在性的動作，包括外在的追求與學習，當這些全部解除的時候，自然的，你就在無為、無傷、無我、無用力的狀態裡，本然地等同於存在本身，等同於肉身在每一個行徑當下的奧義，那就是生命如來的密碼，你能解因、解碼、解如來、解一切，解的過程自然放下，放下等同於解。

無量自解，無量空性解之，以放下問之，以空性問之，以本然問之。

空性之愛，當下奧義，問於無傷，答於無為，世代問題，令世代之問題入空性，入世正法，解碼一切所問所答。

當下不思議，在解碼，在解除，不在問答，識性之因，識性之果，以生命之自性，解放所有識性之因果。

那樣的狀態，滿滿的都是主的親臨，那時，你的肉身就是主的親臨。在這種情況之下，答案就在一切處，不在問與非問之間，因為生命已經回應了一切，端看你自己如何不往外。

主之示現，不問不答，非問非答，問於不可問，答於不可答，在生命之如來處，回應一切相應之處。

生命一切的答案，問答不來，學習不來，其關鍵在於，生命是否能夠自主，在問答本

身是否意識到了為了生命自主而問而答，若問答與生命自主無關，所有問答，當下不存在任何意義，只是小我的自以為是，若意識到所問所答是為了生命是否能自主，才能有機會觸動放下往外的問答模式，而令生命自身在自然的恢復中自主。

生命本然俱足，當你能在生活中如是存在的時候，你肉身的行為舉止將莊嚴你自身，如如不動的，在生活中俱足的、圓滿的示現著，那是生命不可思議的藍圖，一切盡在生活中。

莊嚴問答，問答莊嚴，自性自問，圓滿示之，放下落入問答而問而答，生命藍圖，生命自學習，生命自問答，人一生中的一切生活，本身任何的狀態，都是生命如來對應的無所之問答，無為之學習，覺於清明，明於不思議，生命生活，活出生命的生生不息。

放掉默契認同的假象

問：在日常生活當中，人與人之間默契的相應度如何理解？

世間各種不同的一般關係的高度共識，就會產生高度的標準與高度的要求，而形成高度的慣性。當這來自一個高度默契的經驗值，並成為自己內在深層的某一種確認的價值觀的時候，它會牽動生活中當下的每一個介面，然後以此高標準與經驗值來檢視之後他所交集到的人、事、物，如果不符合心中的期待與情境，就會產生不相應的某種挫敗感，更有甚者，將挫敗感或不滿足感投射出去，以此來評斷對方。

事實上，那個「沒默契」和「不相應」也是如來的一種變現與考驗。

這怎麼說呢？中道的不相應是為了震盪所有在人類慣性裡面各種不同層次的慣性標準，與累積的認知框架和模式。示現沒默契不相應的時候，它就會震盪出我們深層的曾經相應的還在特定一般關係裡面的某一種記憶與累積的經驗值、高標準，但如果這種經驗是屬於我們在特殊關係裡面的情執的那種相應呢？難不成我們要一直執著於那種經驗嗎？而且我們心中認定的所謂的默契是別人心中認定的那種嗎？還只是假藉默契之名來要求別人配合我們的慣性呢？

如果我們只在那個相應的高標準裡面有一個情感的認同，達到某種喜悅，但是不相應的部分，心中就會產生震盪，而震盪就會累積一些不舒服，層次越高、敏感度越高的人，越容易檢視出別人的不相應，若無法將慣性標準轉化掉，反而障礙了自己本身生命恢復的路。

所以，沒默契不相應是如來在提點我們還有哪些執著的框框的一種妙法，有智慧的人會在不相應的當下觀照到自己心中是否有把衡量他人的尺，或自己的慣性模式，將它放下。否則，在未來，同樣會有不同的人、事、物來與我們對應「沒默契不相應」，不斷輪迴，永遠沒有辦法解除。

在當下的每一個對待裡，相不相應或有無共識，應以轉識成智為基本，而非以識性理解。相應本身，是在一切人生的事件中，轉化所有慣性的累積。人之層次不同，願力不同，皆有磨合的過程，應以中肯的態度、等同等持之心納入，成為提點之智。

在一切關係轉化的過程裡面，放掉默契認同的假象吧！

人與人之間的因果之輕重，就是默契不默契之輕重。

人與人之間的默契或默契不夠，都是一種調整的契機與法緣。

人與人之間的相應度，是彼此渡化轉化重大的切入點。

默契是一種密而不宣的心意傳承。

默契是人共振的某種相應度，但要能連結成等同的力量，共同的力道，才能持續默契的展現，而不被人世的紛擾削弱。

相應於默契的內涵，更應成為人與人之間不干擾的生活印證，相應之智，在於了義於通往本源的初衷，擁有默契的彼此，就是互相提點的如來。

有默契的相應，它必定有某種解苦的能力與能量，可以是經驗遞減慣性的過程，觀照出不再重複、不再輪迴的妙法，令自己往更深層的內在前進。

所以，放掉每一個人各自的標準，放掉各自的綑綁，就能產生共鳴的相應，產生共振的面對機緣，彼此的對應，把多餘而不必要的狀態逐一解除，茁壯默契的真實內涵。

默契的產生代表人的相處已經逐漸在減輕彼此的慣性狀態，任何層次的默契，都是人與人通往以更柔軟的心情與更尊重的心態來彼此對待。

默契的相應，應成為人類自然自主的生活態度，而且是非常平常的生活基本面，人有太多的框架，因此失去了默契，不再相應，人的危機在此，必須正視。

示現不相應是為了震盪出我們內在的深刻層次裡所記錄的曾經在一般世界裡面所謂的情綁的相應部分，解脫性的相應不能夠用在一般世界裡面我們所認定的相應去理解，這二者是不等同的。

因為在一般世界裡的相應是相對性的，所以為什麼我們常可以看到，在一般世界裡的人，當他自己已經超越某個階段的時候就會走上另外一個階段，但是，他還是會很習慣性地認定他之前所理解的那種相應模式，但那是他在未解脫時的一種認定標準，當他想走上解脫之路的時候，就會把這種未解脫時的認定框框套在解脫之路上，這是另外一個危機。

這就是為什麼我講「中觀的觀自在」，我講過順向與逆向衝擊，逆向的東西我們馬上可以看得到，因為它是一個目標很明顯的「敵人」，我們都會害怕，很習慣性地保持距離，或者一直得要想辦法去對抗這個所謂的逆向的敵人。但是順向的時候，我們就完全不在意，得意的不得了，完全忘記了提點的作用與觀照的警覺，那個觀照的能力就削弱了，結果就不斷地往順向靠近，最後的結果就是不知不覺中攀上了，變成是一種有染的狀態。

中觀的觀照，從自身下手，彼此的相應，彼此順逆之間皆不落入，懂得納入，才有人生彼此的真愛。

中觀在生活中活出一種自在的默契觀感——觀照之感，默契的法喜、相應的法流，都在解除彼此慣性的敵意，彼此不再攀緣，自在的自主的生活自然形成。

所以說，重點是在於，在我們走上解脫之前，所有情綁的狀態、所有的特殊關係，不管我們的層次有多深，或與誰多麼相應，那都是相對性的，既然我們要走上超越，就必須放掉那個狀態與認同。

在一般的世界裡面，當我們與人、事、物互動而有震盪的時候，當下就必須有自身觀照的能力，那個力道是來自一種本能，但是這樣的檢視也會來自於過去經驗框框裡的深層標準，當我們面對自我，一層一層深化的時候，它就會觸動內在更深層的狀態。

在解除的過程中，無論相應或不相應都必須先當下觀自在，根本不必經過投射出去的過程，這才是真正的終極大戒——大我的戒，因為當下的我們已經是一個大我的狀態了。戒就是——我不從出於任何過去的框框，不用經過丟出去的過程，不用經過投射出去的過程，凡是丟出去、投射出去的就一定是繞路的過程，這點非常重要。

默契可以在任何模式中相應而產生效應，不受制於模式，且轉化模式，且相應一切模式，在不消耗的基礎下，減少所有磨合的過程，讓不同的系統在相應的默契中，產生共同的基本面，才有一切深遠的回歸之路，這是一切關鍵所在，也令變動中的一切得到穩定的基本盤。

一切的層次，不在高低，層次的形成，有生命生存的必要性，以相應的默契做為一切層次的連結，令所有的層次因默契的相應，走向無分別層次的自主之路。

無上傳承，當下傳法

問：生命在生活中的互動，是不是就是一種傳承？傳承一定是由師傳徒或父傳子嗎？

苦難是傳承，當下是傳法，傳承的傳承，傳法的傳法，生命與生命之間，互為傳承，互為傳法，生活的一切都是傳承，都是傳法，一切的一切都是傳承，也都是傳法，宇宙本身的存在就是傳承，也是傳法，所有的生滅過程都是傳承，都是傳法。

之所以傳承，在承受的苦難中，傳承出不承受的智慧，才是對承受者最深遠的慈悲與

禮敬。

因為傳承的妙法是世代傳遞解苦的重大關鍵，人類的進化，在於轉化世代各種不同苦難承受的輕重，如此的經驗傳承，是傳法必然的宗旨。

傳承不預設是誰傳給誰，存在傳給存在，非存在傳給非存在，有形傳給無形，當下的一切都是無上傳承的當下傳法，當下的當下、遍一切處的當下、無預設的當下、打破慣性的當下、遞增或遞減慣性的當下，都是無上傳承的傳法，傳法當下的傳承密因密果都是傳法與傳承。

傳於有形，傳於無形，形式無盡之模式，傳遞之間，精進之義。

傳之於當下，承接以無分別心。

生命之愛，慣性之打破，畏之密因，傳於善果。

宇宙自有傳承，如來以自性傳承之。

緣起性空，人與人之間生活的無盡介面，皆是互相的傳承，等同的傳法。

宇宙就是肉身，就是人類，人類存在的當下，每一個輪脈的變動，也都是傳承與傳法。

解碼的過程，解苦難的過程，都是等同世尊存在的傳承與傳法。對人類而言，無盡的存在本身、無盡的可能性都是使人類可能覺醒的打破人類的視野與慣性的傳承與傳法。

打破，破一切，傳承一切傳法，妙法自傳承。

解碼，解苦，解傳承，解傳法。

人類對應萬有萬物，互為傳承，互為傳法。

夢中之法，傳於夢中自身，夢中之承受，傳法於夢中之傳承。

所有的教化本身就是在轉化當中遍一切處的圖騰，所有心念不可思議的深遠之處都是傳承與傳法。生命與生命之間、生命與非生命之間、存在與非存在之間、宇宙與非宇宙之間、黑暗與光明之間、在所有無盡的相對之間，也是無上的傳承與傳法。萬物本身的存在就一直在互相傳遞，在共震盪、共同、共不同之間，有無盡的密碼在表達著不可說的傳承與傳法。

黑暗光明，互為傳承，人性世代，互有傳法，修法行法，一切宗教，皆有傳法傳承，無量生靈，一切對待，相應當下，即是傳承傳法。

共不同之處，有共同之傳承傳法。

共同之處，有共不同之傳承傳法。

傳一切因，法一切果，所有的共振，以傳承傳法善護之。

眾人在有染、有所住的法，或無所住、觀自在、觀一切的法，一切的一切，落入或不落入的本身都是一種傳承與傳法的無上過程，我們在無上的狀態裡，有著無盡的傳法。這裡面的傳承就是，在無量世代的變動當中都是一種傳承與傳法，過去無量的祖先是傳承與傳法，未來無盡的子孫也是傳承與傳法，過去、現在、未來、無量的過去現在未來都是傳承無盡的傳承、傳法無盡的傳法。

無所住於傳承傳法之流程，無染之傳法，無為之傳承，傳法傳承自觀之，觀之傳受，妙用傳法。

示現傳法，變現傳承，行之以法，教之以智，了義所有根本之傳達。

有形式傳之，無形式受之，以本心納之，一切傳承自在之。

傳承在當下的轉換就是一種傳法的延伸，每一個重大的世代，它本身的妙法就隱藏了無邊無量的傳承與傳法，每一個存在的肉身，它所示現的每一種可能性就是傳承與傳法。傳承與傳法在一切處、在苦難處、在非苦難處、在轉化苦難的過程裡面、在出離的過程、在落入的過程、在沉淪的過程、在解除的過程或提升的過程。

無有傳承，自有傳承，非有傳承，一切苦難，一切難處，皆是傳承。

師法傳承，教法傳法，轉化提升，不思議於傳承傳法。

人類存在的生活介面，我們必須要將它打破，不能設限在某一種既存的框框裡面，這樣人類才能納入無盡的傳承與傳法，才能莊嚴無上的狀態，如此，人類將能在這樣遍一切處的傳承與傳法裡面，無預設地走上無邊無量的自主之存在。

主的無上傳承傳法就是在無分別的狀態下，讓一切的生命在每一個可能性裡面，得到他自己如來無上的自主之傳承與傳法，成為他自己的無上的主。

主之正法，一念無量之傳承，無盡之傳法。

主之正法，非空非有，傳承於無上，空性示之，傳法於當下，自性示之，主之本願，生命之共願，共願傳承，主之善護。

主之正法，生命自主，一切自主，傳法於妙法究竟，傳承於無量諸佛之本心，主之示現，空一切覺所覺空，自主傳法，自性傳承，傳法即傳承，傳承即傳法。

主以正法，令一切生命以生命自主自傳承傳法一切不可思議之生命圓滿。

人類存在的奧義

問：人類是怎麼來的？人類與空性與宇宙的關係。

人類的來不是因為來不來，人類的去不是因為去不去，人類不是來去的衡量，不是來去的狀態。

人類本身的存在是無量宇宙進化最關鍵之根本所在，人類在宇宙當中的狀態等同宇宙的存在，人類的進行就是宇宙的進行，人類的存在就是宇宙的存在，人類的一切生、老、病、死就是宇宙本身的變化過程。所以，人類的密因就是宇宙的密因，這一切的存在等同宇宙存在的存在。

人類最大的困境是一直繞在人類來處、去處的問題。

人類的存在是在解除落入來處、去處的問題，才能解碼沒有來去問題之後的人類存在的奧義。

人類存在的奧義，是無量宇宙存在等同等持的奧義。

人類存在的奧義，打破一切的慣性，就是在解讀人類存在的奧義。

人類存在的奧義，不可說而說了一切。

人類存在的奧義，奧義的密因在平凡的生活當下，生老病死的過程就等同宇宙成、住、壞、空的過程。

人類存在的奧義，人類是宇宙進化最深遠的圖騰，宇宙的奧義，以人類的存在確認宇宙對自身最不可思議的自我認同、自我顯相。

人類存在的奧義，在宇宙中亦不在宇宙中存在著，在生活中亦不在生活中存在著。

宇宙的基礎就是空性本身的存在所示現出來的一個道場，在這個場合裡面的一切，就是根本的深遠之處的空性所變現出來的一切，整個宇宙無盡生命的演化過程就是空性本身對自己所變現出來的自我示現的過程。

人類不在於何處來、何處去，而是在於宇宙變動中，緣起性空的成熟，而形成人類於

生活中示現空性的「覺」之能力。因此重點，人類在宇宙中成熟，自然也形成人類為示現此空性空前的內涵，而形成在地球的道場，形成人類存在的重大密藏的任務，這就是人類得以存在的宇宙密碼，因為，宇宙生命本身，以人類來示現宇宙空性的奧義，這就是宇宙以人類的形式顯化它自己的空性，這就是人類的無上奧義所在。

人類是空性對自己的存在在宇宙這樣的道場裡面所示現它自身最全然的最精微的生命形式，人類有等同於空性存在的重大恢復的契機與重大恢復的事實，所以，**人類等同於宇宙，人類等同於空性，人類存在的當下的每一個可能性都是為了恢復空性**。透過無量宇宙生命在無量累劫的所有慣性覆蓋的解除，透過人類逐一覺醒的過程，所進入的生活上的每一個行為都切入空性，才能夠真正解除解碼解一切苦難，那背後就是空性的基礎。

宇宙的內涵，在人類生活的一切過程中存在著。

宇宙最精微的存在，就是人類最深遠的覺醒。

宇宙的操盤，等同於人類慣性非慣性的存活方式。

宇宙的存在，就是人類入空性的莊嚴。

人類所有解除苦難的過程，就是解讀宇宙密碼的過程。

空性的操盤、空性的存在、空性的一切都在人類存在的當下，這是唯一莊嚴的事實。

空性的生活、空性的情愛、空性的男女、空性的每一個身、口、意、空性的肉身，都必須導向於入空性的彼此的對待。生活本身就是空性的事實，人類在生活中對自己存在的空性認知，要有非常清明清楚了義的第一義。

空性的奧義，對人類對宇宙是等同等持的。

人類的一切知見，有形、無形，出世、入世，即是宇宙一切深層變化的圖騰。

人類的當下狀況，就是宇宙當下的狀況。

人類的演化過程，就是宇宙的進化過程。

空性宇宙，空性人類，入空性必了義宇宙就是人類本身的存在。

人類本身的價值是在於，在他的苦難過程中存在著空性的密因，而人類是真正代表空性在這個當下來到地球這個道場上的生命形態，人類代表著無量宇宙生命最後所企求的入空性的期待，就藏在眾生肉身的密碼中，每一個解碼的過程，都是空性如來重大的示現。

這一次**整個人類進化的最終極目標就是以一切恢復空性為前提**，唯有如此，人類所代表的無量世界演化至今，才能真正在地球上把一切不圓滿的部分完全解除在空性裡，做為恢復空性的重大前提與資糧。

人類因為覺性而企求圓滿，就是入空性的重大前提。

空性的密碼存在於人類肉身的經絡當中，也等同宇宙的密碼。

在人類的世界裡，恢復空性，走上自主，是人類對宇宙中曾經存在的無量生靈最深遠

的禮敬與本份。

人類絕對可以以肉身的模式，通達無量宇宙內涵。

主的親臨，將親自令無量宇宙無量生命成就無邊無量的生命自主。

所以，人類的存在就是空性真正奧義的事實，這是人類必須正視的空性密因，人類就是空性，人類是空性的奧義變現在當下地球道場上的唯一能夠等同空性恢復的軟體，所以，**人類的存在是空性自我的寫照，人類的一切是空性自我的顯現，人類的存在是空性對自己存在於無量世界等同於空性存在的事實**。人類存在的奧義就是空性，這是彌勒正法來世間引領全人類恢復空性的重大的法供養。

主對人類生命奧義的解碼

人類的奧義，必於生活圓滿之。

彌勒正法，空性無上，在當下的法供養，確定人類等同宇宙的存在，等同空性的俱足。

人類在地球必然在一切的關係中，引領往空性恢復，解碼一切的密因，空性自性的人類，將以生活中的空性第一義示現正法的莊嚴，即當下就是主之親臨，以空性無上妙用，令一切成自己的主，無上的法供養，在地球建立主的國度。

國家圖書館出版品預行編目(CIP)資料

叩問生命—生命的答案誰知道？ / 陳炳宏、阿媞著.
— 第一版. — 臺北市 ： 樂果文化出版 ：
紅螞蟻圖書發行，2012.10
面 ； 公分. —（樂生命 ； 1）
ISBN 978-986-5983-24-6(平裝)

1.修身

192.1 101020208

樂生命 001

叩問生命—生命的答案誰知道？

作　　　者／陳炳宏、阿媞
總　編　輯／何南輝
行 銷 企 畫／張雅婷
封 面 設 計／鄭年亨
內 頁 設 計／Chris's Office

出　　　版／樂果文化事業有限公司
讀者服務專線／（02）2795-3656
劃 撥 帳 號／50118837 號　樂果文化事業有限公司
印　刷　廠／卡樂彩色製版印刷有限公司
總　經　銷／紅螞蟻圖書有限公司
地　　　址／台北市內湖區舊宗路二段121巷19號(紅螞蟻資訊大樓)
電話：（02）27953656
傳真：（02）27954100

2012年10月第一版　定價／320 元　ISBN：978-986-5983-24-6
2018年 1月第二刷(500本)

樂果文化

樂果文化